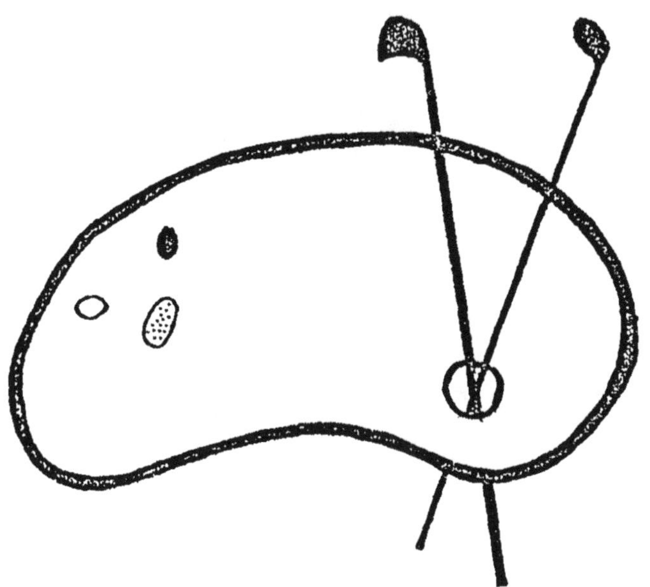

DEBUT D'UNE SERIE DE DOCUMENTS
EN COULEUR

EN RUSSIE

PAR

ANATOLE LENOIR

ISSOUDUN

IMPRIMERIE EUGÈNE MOTTE

—

1896

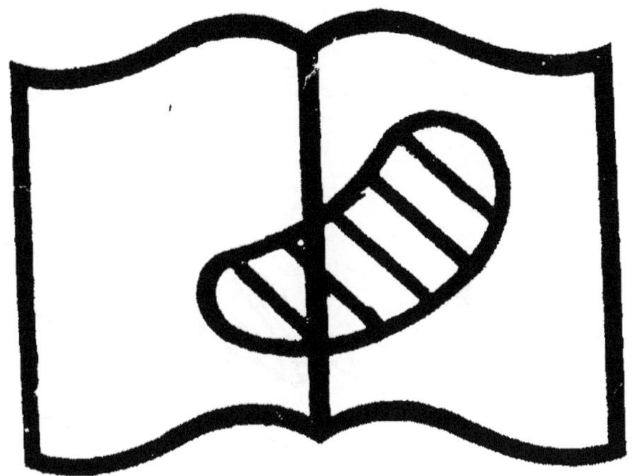

Illisibilité partielle

Brochure, imprimée sur papier au
format in-8° écu et à 30 exemplaires.
Cette brochure compte 10 feuilles ou
160 pages plus une couverture ...

E. Mestre

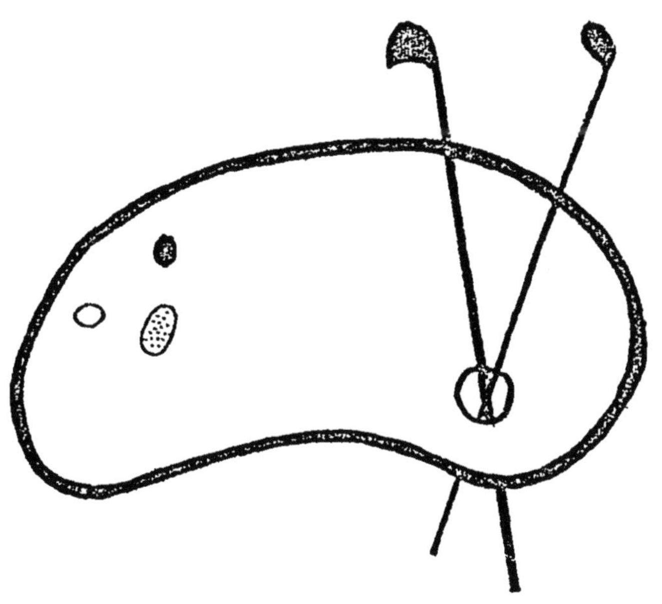

FIN D'UNE SERIE DE DOCUMENTS
EN COULEUR

EN RUSSIE

PAR

ANATOLE LENOIR

ISSOUDUN

IMPRIMERIE EUGÈNE MOTTE

—

1896

A Monsieur le Comte de Vauvineux

SECRÉTAIRE D'AMBASSADE

A SAINT-PÉTERSBOURG

J'offre ce modeste récit, écrit sur des notes prises au jour le jour, non seulement au héros de l'armée de la Loire, à l'ancien officier qui, blessé par un éclat d'obus au combat de Lorges, faisait atteler les chevaux de son escorte, pour enlever de la plaine deux pièces de canon restées isolées, et qui, à l'affaire de Couraboeufs, emporté comme mort du champ de bataille, recevait des mains du général Chanzy la croix d'officier de la Légion d'honneur ; je l'offre encore et surtout, au diplomate qui représente si noblement la France auprès du Gouvernement russe et qui a contribué à cimenter l'alliance indissoluble qui réunit aujourd'hui les deux nations sœurs.

J'ai appris, Monsieur le Comte, à connaître le peuple russe en vivant avec lui pendant une année entière et je n'avais nullement besoin des manifestations grandioses de Cronstadt et de Paris pour que mon opinion fut faite sur cette nation à laquelle nous avons tou·jours été sympathique et dont le souvenir restera gravé dans mon cœur jusqu'au dernier souffle.

C'était en 1856, et déjà la Russie, que nous venions de combattre sur les champs de bataille de Crimée. traitait en amis les prisonniers qu'elle nous avait faits, prodiguant à nos blessés demeurés sur son sol hospitalier, non seulement les soins les plus assidus, mais cherchant encore à rendre leur séjour aussi agréable que possible, et je me souviens qu'à notre arrivée à

St-Pétersbourg, nous rencontrions sur la Perspective Newski, et dans des troïkas ornées de fleurs les plus rares, de braves soldats français, qu'accompagnaient les plus belles femmes de la noblesse russe.

Dans toutes les villes où j'ai séjourné, le titre de Français était le Sésame ouvrant à deux battants les salons les plus aristocratiques, et du Mougick au grand seigneur, chacun s'empressait à satisfaire à nos moindres désirs. Nous étions de tous les plaisirs, concerts, bals, fêtes sur la glace, et quand le soir, à l'heure de l'apéritif, nous entrions chez le *Condittorei* — car, à cette époque, il n'y avait pas de cafés — pour y savourer le verte liqueur, les officiers de tous grades se pressaient autour de nous, comme ils nous accompagnaient aussi avec joie, dans nos promenades à cheval, ou en traîneaux, heureux de s'entretenir en cette langue française qu'ils parlent avec tant de pureté !

Oui ! les Russes ont toujours aimé la France et je n'en veux citer qu'une preuve entre mille. Nous habitions alors la ville de Mittau, capitale de la Courlande, où nous y faisions les études du chemin de fer qui relie aujourd'hui nos deux pays. Une jeune Française, institutrice des enfants du Général-Gouverneur était morte et ses obsèques devaient avoir lieu le surlendemain au soir.

Tous ses compatriotes s'étaient fait un devoir d'accompagner à sa dernière demeure le corps de celle qui ne devait plus revoir la France, mais le général joignant sa douleur à la nôtre, avait donné des ordres pour que les funérailles fussent solennelles.

Des troupes portant des torches, formaient la haie sur le passage du sinistre convoi, qu'accompagnaient les musiques militaires et les tambours aux roulements lugubres. Le corps de l'infortunée jeune fille, entièrement vêtu de blanc, et porté à découvert était suivi d'un nombreux état-major où nous comptions un si grand nombre d'amis. Malgré le froid rigoureux, une foule considérable se tenait agenouillée sur tout le parcours de ce funèbre et merveilleux cortège, que la nuit rendait encore plus solennel.

Or, Monsieur le Comte, quant on constate de la part

d'un peuple de telles marques de sympathie, on a le droit d'être chauvin et le devoir d'aimer ce peuple qui nous le rend avec usure.

Depuis quarante ans bientôt, je gardais comme un précieux trésor ces notes d'un voyage qui fut pour moi tout ensoleillé d'un bonheur sans égal, et il a fallu l'opiniâtreté persistante d'un vieil ami d'alors pour m'engager à les coordonner et en constituer un tout à peu près homogène, que je me permets d'offrir aujourd'hui au public avide de connaître en ses détails la vie de ce peuple Russe qui nous témoigne tant de sympathies.

Si vous daignez, Monsieur le Comte, accepter la dedicace de ses modestes impressions, leur auteur se croira largement récompensé.

ANATOLE LENOIR.

IMPRESSIONS DE VOYAGE

EN RUSSIE

I

DE DUNKERQUE A SAINT-PÉTERSBOURG

Dans les premiers jours du mois de juin 1856, une dizaine de jeunes gens quittaient Paris sous la conduite d'un ancien conducteur des ponts et chaussées, pour se rendre à Dunkerque, d'où ils devaient s'embarquer pour Saint-Pétersbourg et de là se diriger sur la Lithuanie et la Courlande, où ils étaient appelés comme dessinateurs par la Société française d'études des Chemins de fer russes.

J'étais au nombre de ces pionniers qui allaient importer, dans ce pays lointain, le système de nivellement inventé depuis peu par l'ingénieur Bourdaloue, et dont les avantages d'exécution rapide et de précision mathématique devaient nous permettre d'étudier promptement, et sur une étendue considérable de terrain, les travaux préliminaires de la ligne qui relie directement aujourd'hui Paris à Saint-Pétersbourg, car il n'existait alors dans tout l'Empire moscovite qu'une seule voie ferrée qui, partant de la capitale, aboutissait à Moscou.

Mais, après la campagne de Crimée, le czar, comprenant de quelle importance devait être pour son pays la construction de lignes stratégiques, avait confié le soin de différentes études à une société française composée d'ingénieurs habiles, à la tête de laquelle avait été placé M. Collignon, aujourd'hui inspecteur général des ponts et chaussées, et, dans chaque section, des ingénieurs russes venaient compléter l'organisation de ces services.

La *Baltique*, qui devait nous conduire à Saint-Pétersbourg, chargeait tranquillement ses innombrables colis et ne paraissait nullement prête à partir au jour indiqué. En effet, elle ne devait se mettre en marche que le surlendemain, retard qui nous eut contrariés dans une ville moins charmante que Dunkerque — que nous habitions déjà depuis cinq jours — et nous en profitâmes pour visiter ce port de mer devenu, depuis cette époque, le troisième port de France, grâce à ses sept bassins qui reçoivent aujourd'hui des navires de 6,000 tonneaux et les seuls que nous possédions dans la mer du Nord.

A chaque pas, notre curiosité se portait sur des choses nouvelles pour nous. Un jour nous visitions les célèbres huîtrières; le lendemain nous assistions au départ des barques de pêcheurs. Les monuments n'avaient plus de secret pour nous, et chaque matin l'on se donnait rendez-vous sur la digue pour se plonger dans l'eau salée et déjeuner au Kursaal après ce bain hygiénique.

Enfin le 6 juin, dans l'après-midi, après un excellent et copieux repas à l'Hôtel de France, repas arrosé des vins les plus généreux et alimenté par la gaieté de jeunes têtes de vingt ans, nous nous dirigeâmes vers le paquebot, où déjà nos bagages avaient été transportés par les soins de l'un d'entre nous que le sort avait désigné pour devenir le fourrier de notre petite escouade.

Quelques minutes après notre arrivée le capitaine, de son sifflet strident, donnait l'ordre du départ. A ce signal, le steamer parut s'animer, tel un monstre marin mugissant et crachant la vapeur. Les pistons glissèrent progressivement dans leurs cylindres avec un sourd ronflement. La fumée noire fusa dans la cheminée et, sous la poussée de son hélice qui se tordait dans un tourbillon d'écume, la *Baltique* s'éloigna majestueusement du port.

Lentement et comme pour nous faire admirer une dernière fois la ville en son splendide panorama, elle traversa la rade, encombrée par toute une flotte marchande, suivit la jetée où le matin encore nous avions croqué les fraîches crevettes des adorables pêcheuses court vêtues, puis louvoya la baie conduite par le pilote.

Enfin, après avoir franchi la passe, le vaisseau stoppa un instant pour laisser rentrer le pilote dont le côtre s'éloigna rapidement, puis il fendit enfin de son étrave les flots de la mer du Nord.

Placés sur la dunette d'arrière, nos yeux ne pouvaient se lasser de contempler le majestueux spectacle qui se présentait devant nous, mais bientôt, notre vue s'étant portée sur la côte qui disparaissait, nos cœurs se serrèrent, nos poitrines se comprimèrent et quelques larmes vinrent humecter nos paupières.

C'est que nous abandonnions nos familles adorées, notre chère France; nous quittions la terre où la mort pouvait nous atteindre, sans doute, mais où, du moins, le sol ne s'entr'ouvre pas sous nos pieds pour sillonner l'immense plaine salée, abîme qui recouvre tant de navires perdus. Nous n'étions séparés du gouffre bouillonnant que par une mince planche ou une faible plaque de tôle que peut défoncer la lame, entr'ouvrir un récif. Il suffirait d'un grain subit, d'une saute de vent pour nous faire chavirer, et alors notre habileté de nageur ne servirait qu'à prolonger notre agonie.

A ces pensées graves, contrastant avec l'exubérante gaieté de la première heure, vint bientôt se joindre l'indéfinissable souffrance du mal de mer, et si je n'eus pas le triste honneur — car on avait engagé des paris — d'y succomber le premier, je fus le second à payer mon tribut à la grande tasse, comme disaient les matelots, qui riaient sous cape en nous apportant leurs petits baquets en bois. Ce n'étaient, de la dunette au gaillard d'avant, que visages décomposés, verts, livides : nos lèvres étaient devenues violettes et les couleurs quittaient les joues pour se réfugier sur le nez.

Chacun avait recours aux soi-disants préservatifs recommandés à table d'hôte ; celui-ci croquait des bonbons acidulés ; celui-là mordait à belles dents dans un citron ; tel autre s'administrait de larges gorgées d'élixir Raspail ; d'autres imploraient une tasse de thé, que le roulis ou le tangage faisait renverser sur leur chemise ; les plus braves se promenaient en chancelant et mâchaient un bout de cigare, qu'ils oubliaient de fumer, mais presque tous finissaient par... s'accouder au bastingage.

Chez les femmes, la pudeur était devenue un mythe, et nous en avons vu, dans les cabines, sur le pont même, se rouler à terre, se tordre sous la douleur, les vêtements en désordre, les cheveux au vent, mettre à nu leurs épaules, sans souci de leurs personnes et des regards indiscrets d'heureux privilégiés.

Nous voyant tituber comme des gens ivres, le capitaine s'empressa de nous dire, pour nous rassurer : « Le temps est splendide, la mer est belle, dans quelques heures il n'y paraîtra plus. »

Il était huit heures du soir quand nous pénétrâmes dans notre compartiment pour essayer de nous livrer au sommeil, et le domestique affecté au service des premières classe, ouvrant d'immenses portes à coulisse, nous fit entrer dans un couloir dont le fond, en sorte de commode, contenait un certain nombre de tiroirs ouverts et superposés, formant autant de couchettes qui allaient nous servir de lits pendant la traversée.

Succombant à la fatigue causée par l'affreux désarroi de nos estomacs délabrés, nous parvînmes à nous endormir, bercés par le mouvement du navire, et le lendemain, le soleil brillant de tout son éclat, nous remontâmes sur le pont. Les couleurs nous étaient revenues et, avec elles, notre gaieté, et tout en nous promenant les jambes écartées, faisant le balancier avec nos bras, nous devisions sur les incidents de la veille.

La terre avait disparu complètement. Nous n'avions plus au-dessus de nous que le dôme bleu du ciel, à nos pieds la vaste étendue d'eau salée sur laquelle nous filions à toute vitesse et devant nous la ligne de l'horizon inconnu. Parfois les oiseaux faisaient tache sur le firmament et, de distance en distance, des barques de pêcheurs, véritables coquilles de noix, se cahotaient sur les vagues, pour disparaître bientôt, faisant place à de nouvelles qui se succédaient autour du bâtiment.

Le déjeuner fut gai, grâce au capitaine Agand, dont l'esprit de bon aloi et l'humeur joviale lui avaient attiré la sympathie de tous les passagers.

Pendant les premiers jours notre curiosité fut surexcitée par tout ce qui se passait autour de nous; déjà nous étions initiés aux détails les plus intimes de notre maison flottante, de la dunette au gaillard d'avant, par quelques dons généreux faits à l'équipage. Nous commencions aussi à résister au roulis et au tangage; cependant il nous arrivait encore, de temps à autre, de nous heurter à quelque palan ou de nous prendre les jambes dans les cordages déroulés sur le pont, ce qui nous faisait choir et amusait beaucoup le capitaine en second, nature joviale et franche, comme le sont généralement nos marins.

Je me souviens qu'un certain jour, j'avais eu la fantaisie de grimper à l'une des échelles de cordes qui relient les mâts au bastingage. Or, je n'étais pas arrivé au tiers de mon voyage aérien que j'étais ficelé comme un saucisson par un matelot qui, à l'instar du singe, avait grimpé derrière moi, et je ne dus d'être délivré que par la promesse d'arroser d'une bouteille de champagne cette infraction au règlement fantaisiste du bord.

Le troisième jour nous passions devant Helgoland, cette île romantique de la mer du Nord, qui s'élève comme une pyramide à deux cents pieds de hauteur et à laquelle les peuples du Nord, avec leur penchant au merveilleux, ont noué le tissu de plusieurs légendes poétiques, et des historiens comme des géographes ont eux-mêmes corroboré ces traditions populaires.

Pierre Sachez qui, au xviie siècle, publia une description de Helgoland, n'hésite pas à déclarer que c'est là, sans aucun doute, l'île décrite par Virgile dans le premier livre de l'Énéïde, l'île où les Troyens se réfugièrent après la tempête soulevée contre eux par l'implacable Junon.

Pennant, dans son histoire naturelle des régions polaires, dit qu'Helgoland est cette terre merveilleuse dont parle Tacite, ce *Cartum Nemus* où l'on adorait la déesse Hertha.

Voici le détroit de Wikings, la grande nappe grise perlée, toute unie, tachée de longs îlots de verdure pâlotte, flottant à fleur d'eau comme à la dérive. La mer est le fond éternel et compose à elle seule les trois quarts du paysage danois.

Nous approchons de Copenhague où nous devons faire escale. A la lunette, nous apercevons des campagnes basses, silencieuses, où se profilent des toitures de fermes clairsemées, des couples de bœufs blancs et des silhouettes de paysans penchés sur leurs charrues.

C'est une impression peut-être monotone, mais douce

et réconfortante. Bientôt l'impression se complète. Aux champs, aux pâturages, viennent s'ajouter des hameaux de pêcheurs dont les barques s'aperçoivent de tous côtés, des villas enfouies dans la verdure qui baignent dans les eaux bleues du Cattégat.

Il nous faut abandonner ce spectacle merveilleux ; nous entrons dans le port de Copenhague et le pilote danois, qui vient d'accoster, prend le commandement.

Une heure après, le navire s'arrête sur ses ancres, les chaloupes sont descendues, les échelles de cordes se déroulent le long des parois et, guidés par le second qui va nous servir de cicérone, nous descendons cahin-caha et nous abordons au pied d'une terrasse ombragée de tilleuls odorants. C'est la jetée !

De nombreux promeneurs circulent à travers les méandres de ce jardin embaumé qui forme, autour de la ville, une ceinture de promenades et de larges boulevards..

Copenhague n'a conservé, paraît-il, que très peu de vestiges de son passé ; elle n'a plus, m'a-t-on dit, cet air historique des vieilles villes qui se souviennent, car les incendies et les bombardements de 1728, de 1795 et de 1807 ont fait à peu près table rase sur le sol des aïeux.

Après avoir visité le Kjöbenhavn, la partie la plus ancienne où se trouve la place du Roi, plantée de grands arbres avec le théâtre, le palais de Charlottenborg et la statue équestre de Christian V, au pied de laquelle l'herbe pousse à profusion, nous nous dirigeons vers le Slotkholm. coupé de canaux, qu'enjambent une série de petits ponts, pour visiter, sur ce même îlot, le Musée et la Bourse. Cette promenade nous permet de constater un fait de galanterie tout à l'honneur du peuple danois qui veut que la femme, de tout rang et de toute condition, tienne le haut du trottoir et jamais le bord de la chaussée. afin d'éviter au beau sexe les accidents ou les malpropretés.

Il était midi quand nous songeâmes au déjeuner, et nous dirigeant vers les grands quartiers, notre cicérone nous conduisit à l'hôtel Royal où nos estomacs firent honneur au talent du Vatel danois, non sans avoir remarqué en passant l'usage immodéré que l'on fait du piment.

Après avoir pris le café — assez mauvais du reste — nous continuâmes notre promenade par une visite au château de Rosemborg, bâti par Christian dans un style Renaissance, à moitié gothique, et où le célèbre archéologue Worsade a classé, par règne, les collections des rois de Danemarck.

Le beau parc qui en dépend est fréquenté par les enfants, comme notre Luxembourg et notre Parc-Monceau, et fillettes et garçons y viennent jouer aux pieds du conteur Andersen qui semble leur conter éternellement ses belles histoires merveilleuses.

Enfin, revenant au navire, nous pénétrons dans les jardins célèbres de Tivoli qui, sur leurs vertes pelouses et sous leurs grands arbres, offrent au populaire tous les divertissements connus, depuis les montagnes russes jusqu'aux représentations en plein air, le tout arrosé d'excellentes consommations.

Il est six heures du soir, quand nous quittons le port, non sans avoir fait maintes fois machine en arrière et en avant pour éviter les passes difficiles du chenal et bientôt nous pénétrons dans le Sund.

Ici, le décor change ! Le spectacle est féerique ! De chaque côté la terre attire une fois de plus nos regards émerveillés. A gauche, c'est la Suède et ses monts semés de rochers au milieu desquels se détachent des chàlets en bois découpés et des villas tapissées d'arbustes toujours verts. A droite, les côtes de la Poméranie. En face, l'horizon infini, toile de fond de ce décor enchanteur, d'où émergent par intervalles des trois-mâts qui passent le long de notre bord comme de mastodontes fantômes.

Mais la nuit s'avance et un dernier trait va compléter ce tableau si digne d'émouvoir le voyageur novice. C'est la surprise et le ravissement de ces longs crépuscules, la douce magie de ces beaux soirs d'été qui s'établissent amoureusement sous des ciels de satin tendre, d'un bleu doux de turquoise, aux transparences de veilleuse. On voudrait pouvoir fixer dans une aquarelle idéale, retenir en une musique vague, lointaine et berceuse, l'indicible impression d'apaisement et de mystère qui passe alors dans le charme et le recueillement de l'heure, dans les caresses de ce jour en sourdine qui s'achève et s'attarde en lentes rêveries.

« Le soleil, dit Xavier de Maistre dans ses *Nuits de Saint-Pétersbourg*, le soleil, qui, dans les zones tempérées, se précipite à l'Occident et ne laisse après lui qu'un crépuscule fugitif, rase ici lentement une terre dont il semble se détacher à regret. Son disque, environné de vapeurs rougeâtres, roule comme un char enflammé sur les sombres forêts qui couronnent l'horizon, et ses rayons réfléchis par le vitrage des eaux, donnent au spectateur l'idée d'un vaste incendie. »

Il est minuit et le phénomène qui se déroule devant nous est tellement merveilleux que personne ne songe au sommeil.

Au matin, décor nouveau, le vent s'est élevé, des nuages s'amoncellent et le navire commence à monter et à descendre. Nous entrons dans la Baltique, et la mer devient houleuse. Autour de nous, les vagues se succèdent, s'enflent, crèvent et jaillissent en écume ; des paquets d'eau tombent sur le pont, après nous avoir administré une douche inattendue qui nous oblige à monter sur la dunette. De temps en temps passent des goélettes, des bricks plongeant le nez dans l'écume, exécutant des danses à faire croire que la mer n'est pas toujours aussi bonne qu'on voulait bien nous le dire.

La journée fut assez triste. Le mal de mer s'était

emparé de nouveau de quelques passagers, qui sortaient de leurs cabines comme des spectres et qui semblaient appeler de tous leurs vœux la fin de ce voyage.

La septième nuit étendit sur nous ses voiles. C'était la dernière. Vers six heures du matin, nous voguions entre deux rives. D'un côté l'Ingrie, de l'autre la Finlande, paysage morne dont le soleil lui-même était incapable de troubler la mélancolie. Déjà, nous distinguions en face de nous quelques spirales de fumée blanche montant dans l'air immobile et d'une pureté parfaite : C'était Cronstadt.

L'hélice brassant une eau tranquille et presque dormante, nous faisait avancer rapidement, et déjà nous voyions avec netteté un fort arrondi, et des batteries apparaissaient à fleur d'eau. Puis un dôme d'or, une coupole verte.

Bientôt notre paquebot pénétrait dans le port après avoir passé au milieu de nombreux navires pavoisés aux couleurs de toutes les nations, qui formaient avec leurs mâts et leurs cordages comme une immense forêt de pins ébranchés dans un fouillis de gris serpentins.

A peine avions-nous jeté l'ancre que plusieurs barques se détachèrent du port se dirigeant vers nous. C'étaient les employés de la police et de la douane, vêtus de longues redingotes et coiffés de la casquette russe.

On nous fit descendre dans le salon pour examiner nos passeports, déposés à Dunkerque, dûment signés et paraphés, entre les mains de notre capitaine.

Lecture nous fut donnée des prescriptions de police et notamment de l'interdiction de fumer dans les rues de St-Pétersbourg, ce qui nous fit beaucoup rire car nous n'en comprenions pas alors la portée, puis, après avoir fait nos adieux à nos amis de *la Baltique*, nous échangeâmes notre vaisseau contre un petit bateau à vapeur russe et nous nous acheminâmes vers la capitale.

II

· SAINT-PÉTERSBOURG

Quelques tours de roues nous amenèrent le long d'un quai de granit, près duquel était rangée une flotille de petits bateaux à vapeur, de goélettes, de schooners et de barques.

Des hommes à longs cheveux et à larges barbes, ayant la chemise rose par dessus le pantalon en forme de jaquette, les grègues larges et les bottes à mi-jambes, eurent bientôt enlevés nos bagages, pour les porter au bureau de visite, suivis par leurs propriétaires inquiets. C'étaient des moujicks, — des hommes du peuple — qui remplissaient là les mêmes fonctions que nos commissionnaires d'autrefois, stationnant aux arrivées des diligences.

Dans une vaste salle, dont les fenêtres donnaient sur la Néva, des officiers, plus galonnés les uns que les autres, assistaient à la perquisition opérée par des agents, avec une scrupuleuse minutie, qui n'auraient pas désavoués les inspecteurs de notre police parisienne. Tout ce que contenaient nos malles en effets, linge, livres, etc..., fut jeté pêle-mêle sur le plancher et la visite se termina sans autre incident que la saisie de quelques ouvrages de littérature, qui furent emportés au bureau de la censure, et qui, entre parenthèse, ne nous furent jamais rendus. malgré nos réclamations.

Mon fusil de chasse — un Gunther — me fut laissé parce que l'intérieur en avait été norci par l'usage. Quant à mon revolver — cadeau de mon excellent père, — il était absolument vierge, et sur le conseil d'un vieux matelot, je l'avais caché dans la poche de mon pantalon. J'étais d'autant plus inquiet de son sort, qu'à chaque instant, un des agents me donnait de petits coups sur la cuisse en me regardant d'un air assez piteux.

Ayant confié mes peines à un de nos compatriotes, habitant de St-Pétersbourg, il m'apprit que l'innocent fonctionnaire, loin de m'être désagréable, sollicitait un pourboire qui me permettrait d'être immédiatement délivré de ses confrères. En effet, après lui avoir remis une pièce de monnaie, mes bagages furent aussitôt enlevés et chargés sur la voiture commune — Rospousky, — qui devait les conduire à l'hôtel, où des chambres nous avaient été retenues par les soins de notre administration.

De notre côté, la curiosité l'emportant, nous décidâmes de nous y rendre à pied, laissant à notre fourrier le soin d'opérer le déchargement et le classement des colis. Nous ne devions rester que trois jours seulement dans la Capitale et point n'était trop de ce temps pour en visiter au moins les principales attractions.

En sortant du bureau de visite, nous admirons tout d'abord la digue en granit rose de Finlande, une des merveilles de St-Pétersbourg, qui enserre sur une longueur de plus de trois kilomètres la Néva, large en cet endroit comme un bras de mer.

Après être revenu sur nos pas et contourné la cathédrale, monument gigantesque, avec son dôme d'or, ses clochetons et son fronton octostyle, nous longeons le palais de l'Amirauté, dont nous avions déjà aperçu la flèche d'or en quittant Cronstadt, nous passons devant la superbe statue de Pierre-le-Grand, œuvre du sculpteur Falconnet. Le tzar est à cheval, en costume d'empereur romain; puis nous pénétrons sur la *Perspective-Newsky*, large voie triomphale qui offre un spectacle des plus animés.

Bordée de chaque côté par des magasins presque sans rez-de-chaussée, par crainte des inondations fréquentes en ce pays, entièrement bâti sur pilotis, cette rue possède, en outre des chaussées, deux voies de pavés en bois sur lesquelles les *droschi*, lancés à toute vitesse, se croisent comme des éclairs. Sur le siège de cette voiture originale, un énorme cocher, à longue barbe, enveloppé dans sa houppelande, coiffé d'un chapeau bas à rebords hauts et larges, conduit son trotteur avec une majesté pontificale; les bras arrondis, les coudes en dehors, les mains tendues, il pèse sur l'animal au moyen de deux rênes qui ressemblent aux lisières de drap des tailleurs.

Le harnachement fait de quelques lanières de cuir, est à peine visible, mais orné de paillettes et de boutons de métal, il donne une certaine élégance à la bête qui semble courir en liberté sous la *douga*, grand arc de bois qui, se recourbant au-desssus du col, fait suite aux brancards du véhicule. Une ou plusieurs sonnettes attachées au cintre donnent à cet attelage un cachet tout particulier.

Quelquefois on attelle au droscky un cheval de volée — le furieux — qui, retenu par une simple longe, gambade et caracole sur lui-même. D'autres fois encore, on ajoute un troisième cheval : c'est alors la *Troïka*, l'attelage classique, où le cheval de brancard trotte, à grande allure, entre ses deux compagnons toujours maintenus au galop.

La Perspective-Newsky est la rue véritablement marchande de Saint-Pétersbourg. C'est un mélange de magasins, de palais, d'églises tout à fait original ; à chaque pas nous apercevions derrière d'élégantes vitrines des étalages de fruits artistement groupés : ananas, raisins du Portugal, citrons, grenades, pastèques, etc. Puis les armes les plus luxueuses attiraient nos regards qui, malgré tout, avaient peine a se détacher du mouvement de la rue. Ici, les diamants, les pierreries, jetaient leurs feux colorés sur les vases d'or et d'argent, pendant qu'à côté les étoffes les plus éclatantes et les riches fourrures se mêlaient aux mille dessins harmonieux des tapis d'Orient.

Tout cela passait sous nos yeux comme en un merveilleux kaléïdoscope, ce qui nous permit d'arriver à l'hôtel sans nous être rendu compte du chemin parcouru.

Trois chambres avaient été préparées pour nous recevoir ; une pour trois personnes ! De lits, point ! D'immenses canapés de cuir allaient remplacer nos bons lits de famille. Nous reconnûmes plus tard que ce nouveau meuble était préférable aux lits, fort mauvais du reste, et d'une grande rareté qui existaient même dans les maisons riches.

Comme nous étions absolument incapables de nous faire comprendre des gens de service, un interprète avait été mis à notre disposition, mais il ne pouvait être partout à la fois et il s'en suivait des quiproquos fort désagréables. Pour les éviter, nous dûmes recourir à une mimique funambulesque des plus extravagantes. Avec une grande bonne volonté et cette intuition extraordinaire que possèdent les Russes, nou s parvînmes, non sans quelque peine, à obtenir à peu près ce que nous désirions.

Il était quatre heures du soir, et nous avions terminé nos toilettes, quand on nous fit descendre dans une salle particulière où, sur d'immenses buffets, se trouvaient des sandvichs, du fromage et des flacons de kummel et d'eau-de-vie. Il y avait aussi des filets de harengs et du caviar.

Il s'agissait de nous ouvrir l'appétit, car les hors-d'œuvre se mangent là-bas avant le repas, singulière habitude à laquelle nous eussions préféré la verte liqueur de Suisse, que nous n'allions pas tarder à importer en Courlande.

Ici se place un incident qui nous mit assez désagréablement en rapport avec la police russe. Nous venions de sortir de l'hôtel, pour nous rendre au restaurant français, dont le nom m'échappe, et comme il n'y avait que la place à traverser, un des nôtres, oubliant les prescriptions affichées sur le bateau, avait cru devoir garder son cigare, qu'il savourait amou-

reusement. Or, nous n'avions pas fait dix mètres sur
le trottoir, qu'un agent ou gendarme se jetait sur lui
et lui arrachait assez brutalement le malencontreux
cigare.

Peu patient de sa nature, notre pauvre ami ripostait
aussitôt par un vigoureux coup de poing accompagné
d'une expression peu parlementaire. Saisi aussitôt, il
dut se rendre au bureau de police, peu éloigné du
reste, où nous l'accompagnâmes avec l'interprète. Il
en fut heureusement quitte pour une paternelle admo-
nestation, une seconde lecture des ukases impériaux
et une légère amende qu'il paya, non sans avoir manifesté ses regrets pour l'acte de vivacité qu'il venait
de commettre.

Aussi est-ce en riant que nous fîmes notre entrée
au restaurant, où des Français, déjà installés au milieu d'officiers Russes, nous firent un accueil des plus
chaleureux, tout en s'égayant de notre première
aventure.

Par une attention délicate, nous avions été séparés
les uns des autres, ce qui nous permit de faire ample
connaissance avec nos aimables voisins. Le repas tout
à la française, arrosé de vins généreux, eut bien vite
délié les langues et au dessert, nous étions tous amis.
Pour fêter notre bienvenue, le champagne fut apporté
et les officiers de cette armée Russe, que nous venions
de vaincre à Sébastopol, furent les premiers à lever
leurs coupes en l'honneur de la France qui, trente-
sept ans plus tard, allait sceller, avec un entrain merveilleux, l'alliance indissoluble des deux peuples.

Nous avions répondu de notre mieux à cette ovation
fraternelle, et nous nous préparions à quitter la table,
pour nous rendre au théâtre, quand un des officiers,
qui s'était absenté quelques instants, vint nous prier
de l'accompagner sur la Perspective-Newsky, où une
surprise inattendue devait mettre le comble à notre
joie et nous faire oublier le théâtre.

Des troïkas attendaient sur la chaussée. En moins de temps qu'il n'en faut pour l'écrire, nous étions installés à côté de nos nouveaux amis, et bientôt nous filions à toutes brides, à travers les rues, puis à travers champs, sous la lumière blafarde, élyséenne du crépuscule, et où les êtres et les choses, qui ne font plus d'ombre, prennent les apparences de spectres.

Nous arrivons enfin aux Iles, ce bois de Boulogne de Saint-Pétersbourg, éden enchanteur, coupé par les bras de la Néva qui serpentent entre les massifs de verdure, labyrinthe de forêts baigné par les eaux du golfe qui viennent mourir doucement autour de ce lieu si frais et si charmant. L'heure est douce, recueillie : rien n'avertit qu'elle passe, car les ténèbres ne viennent pas.

Partout, nous apercevons des villas dont les grilles s'ouvrent sur la route, maisons de plaisance de la noblesse et des riches marchands. Des barques se balancent au pied des escaliers et font communiquer entr'eux les palais de cette Venise forestière. Nous entendons de tous côtés des musiques, des orchestres de cafés-concerts, aux tableaux animés qui se déroulent dans les jardins et sur les rives, où l'on soupe en plein air sous des girandoles de lumières, nous nous croyons transportés dans un royaume de fées.

Les troïkas s'arrêtent bientôt dans un village de châlets en bois, découpés avec un art merveilleux, dont les broderies, les dentelles, les fleurons, éxécutés d'inspiration à la hache ou à la scie, forment de délicieuses habitations estivales.

A nouveau, les coupes se remplissent de champagne, cette boisson favorite des seigneurs russes, pendant que d'intrépides valseurs s'élancent à travers les méandres de ce jardin des Mille-et-une-Nuits, sans songer que le temps s'écoule et qu'il va falloir penser au départ.

Il est deux heures du matin ! Nous rentrons à Saint-

Pétersbourg, alors que les brouillards qui s'élèvent de ces terrains marécageux flottent comme un dais d'argent sur les prairies et les forêts endormies dans la sérénité de la nuit blanche et les voitures nous déposaient à la porte de l'hôtel que nous étions encore sous l'énivrement et sous le charme de cette soirée vraiment fantastique.

Comme nous n'avions que peu de jours à passer dans la capitale, nous résolûmes dès le lendemain de visiter les monuments les plus intéressants sous l'aimable conduite de quelques-uns des officiers qui avaient manifesté le désir de nous servir de *cicerones*. Mais, le désaccord régnant parmi nous sur la marche à suivre, chacun tira de son côté — à ma grande satisfaction, je l'avoue — et je partis avec le lieutenant Borinoff, dont l'élégant costume militaire faisait ressortir la taille haute, svelte et dégagée. C'était une sorte de jaquette blanche, descendant jusqu'à mi-cuisses, à brandebourgs d'or. Un pantalon bleu de ciel, collant, moulait les jambes et se terminait a de fines bottes qu'ornait une paire d'éperons d'or. Les cheveux, coupés ras, dégageaient un front uni, plein et bien formé. La casquette, ornée de galons d'or, complétait cet uniforme auprès duquel contrastait péniblement notre habit noir.

— Comme la journée sera chaude et fatigante pour vous, me dit-il en un français pur et correct, nous allons, si vous le voulez, la commencer par nous rendre au bain, non pas dans un de ces établissements où, sans émotions, vous vous étendez dans une baignoire pleine d'eau pour en sortir, au bout d'une heure, à peine délassé, mais dans une de ces étuves que vous serez aise de trouver partout où vous irez pendant votre séjour parmi nous.

Quelques minutes après nous pénétrions dans une salle de laquelle deux ou trois baigneurs, à la vue de l'officier, s'échappèrent à la hâte en emportant vêtements et chaussures pendant qu'à la porte, les domestiques — encore des moujicks — se tenaient comme des statues vivantes leurs bérets à la main.

Après nous être déshabillés, et sur un signe du lieutenant, deux d'entre eux se détachèrent du groupe et, s'emparant de petits balais de bouleau, nous ouvrirent une porte sur le seuil de laquelle je reculai d'effroi.

Figurez-vous, ami lecteur, une étuve chauffée à 40° ; dans un coin un poêle immense dans le four duquel se trouvaient des pierres sur lesquelles d'autres moujicks jetaient de l'eau dont la vapeur montait au haut de la pièce ; au fond, une série de marches en pierre dont j'allais comprendre l'usage.

— Allons, mon ami, du courage, me dit mon guide, et tout à l'heure vous me remercierez. Couchez-vous sur le premier de ces degrés, comme je le fais moi-même, et tâchons d'aller progressivement jusqu'au haut.

Je fis ce qu'il m'ordonnait et c'est alors que les petits balais entrèrent en danse à leur tour en nous fustigeant à nous donner l'aspect d'un homard cuit. Ensuite, avec autant d'adresse que de promptitude, nos serviteurs, pressant, pétrissant les différentes articulations, donnèrent bientôt à notre corps une souplesse que le bain ordinaire ne pourrait jamais communiquer, surtout si l'on ajoute à cette opération, qui semble un supplice au premier abord, mais auquel on s'habitue vite, l'immersion de l'eau froide qui provoque une salutaire réaction.

Après un repos d'une heure, nous sortions du bain russe frais et dispos pour commencer nos pérégrinations à travers la ville.

Je tenais tout d'abord à visiter Notre-Dame-de-Cazan dont j'avais entendu parler sur le bateau et, sans nous attarder davantage, nous nous dirigeâmes vers ce monument dont la colonnade corinthienne demi-circulaire ressemble beaucoup à Saint-Pierre de Rome.

Cette église, célèbre dans toute la Russie, est dédiée à la Vierge. Le plan général de l'édifice est une croix grecque, ayant au milieu un large dôme et quatre coupoles surmontées chacune d'une croix. C'est un mélange de grec, de byzantin et de tartare, avec une addition de fantaisie russe toute particulière.

L'intérieur du temple présente une suite de belles colonnes et il renferme une grande quantité de choses précieuses en ornements d'or et d'argent, en pierreries, en richesses de toutes sortes. Sur les côtés de l'église, placées dans des niches, je note les figures colossales de saint Jean et de saint André, du grand-duc Vladimir et d'Alexandre Newskoï. Partout de grands tableaux aux fonds dorés, avec des applications extérieures d'ornements en reliefs d'or et d'argent, d'étoffes précieuses, de diamants, de rubis, d'émeraudes et d'opales. Les murs, les pilastres, couverts d'or et de couleurs éclatantes, illuminées sans relâche par des milliers de lampes ou de cierges, produisent un effet vraiment féerique et qui ne peut être apprécié que lorsqu'on l'a vu.

Outre la grande vénération religieuse dont les Russes entourent leur cathédrale, il en est une autre non moins considérable puisqu'elle touche au patriotisme de la nation, Kazan étant pour la Russie ce qu'est pour nous le dôme des Invalides, c'est-à-dire un véritable arsenal. On y voit des drapeaux chinois, tartares, turcs, polonais, allemands, suédois, italiens, français, rappelant des victoires sur chacune des nations.

Après avoir quitté le somptueux monument, nous arrivons sur une place immense où se dessine un palais colossal. C'est l'Amirauté et non loin de là le palais impérial, dit Palais-d'Hiver, vaste construction hérissée de cheminées et couverte de petites fenêtres. Cet édifice, paraît-il, ayant brûlé en 1837, fut rebâti sur l'ordre de l'empereur en un an et la légende raconte que plusieurs milliers d'hommes périrent pendant la durée des travaux poursuivis pendant une saison hivernale de 20 à 25 degrés.

Au moment où mon aimable guide me fournissait ces renseignements, sans y prêter du reste la moindre croyance, les sons d'une musique militaire encore lointaine vinrent frapper nos oreilles, et j'allais me diriger de ce côté, lorsque le lieutenant m'arrêta

— Les troupes vont traverser la place; elles se rendent à la revue du Champ-de-Mars et j'ai pensé vous être agréable en vous conduisant sur leur passage, car ici, mieux que partout ailleurs, nous pourrons les examiner en détail. Bientôt apparurent les pelotons asiatiques, tcherkess, persans, mongols et caucasiens, portant de longues cottes de mailles sur des robes de soie éclatantes; puis les chasseurs de Finlande et les soldats du régiment de Paul, dont la coiffure immense, bonnet de coton de métal, me fit sourire. D'autres cavaliers succèdent aux fantassins, murailles vivantes de fer et d'argent, montés sur de lourds chevaux, puis les superbes chevaliers-gardes, véritables colosses auprès desquels nos cuirassiers sembleraient des enfants.

Ils étaient suivis de hussards rouges et de lanciers. Enfin une nuée de cosaques, galopant dans un régulier désordre sur leurs petites bêtes, fermaient la marche.

J'étais à peine sorti de mon extase que tout avait disparu et, revenant sur nos pas, nous dûmes songer au déjeuner, car nos estomacs commençaient à battre la générale.

Après le repas, tout à la russe, oh! surtout avec une soupe froide où nageaient parmi des morceaux de poisson des cristaux de glace dans un bouillon aromatisé, vinaigré et sucré à la fois, et dont les Russes raffolent, nous nous dirigeâmes vers le Stchoukine-Dvor, sorte de caravansérail dont les boutiques forment des baraquements de planches, coupés par un grand nombre de ruelles ou quartiers.

Chaque quartier est affecté à un genre de commerce. Ici des guirlandes de vieilles bottes en cuir gras, des touloupes graisseuses et dépenaillées, formaient la décoration des devantures et les marchands n'étaient guère plus propres que leur marchandise. A côté, formant contraste, de petites chapelles dont l'intérieur montre, à la clarté des lampes, les plaques de vermeil et d'argent, des iconostases en miniature.

Là ce sont les imagiers, l'une des plus curieuses particularités du Stchoukine-Dvor. On y voit des madones, des christs et des saints, des peintures du vieux et du nouveau Testament pêle-mêle avec des livres historiés et mille autres objets de dévotion.

Dans un autre endroit étaient les meubles d'occasion où dominent les grands canapés de cuir vert, ce meuble vraiment russe. Ailleurs sont les malles, les valises, puis de vieilles marmites, des ferrailles, des écuelles de bois et, plus loin, des denrées de toutes espèces, soudacs fumés, olives, pommes vertes à côté d'estampes, de vieux livres.

Partout circule une population fort bigarrée : le moujick en touloupe, le soldat en capote grise y coudoient l'homme du monde, mais les femmes font presque absolument défaut et c'est à peine si, de loin en loin, on aperçoit une moujicke, aux grosses bottes de cuir gras, avec son mouchoir noué sous le menton, son surtout de drap posé comme une redingote d'homme sur ses épaisses jupes. Les autres femmes sont des Allemandes ou des étrangères,

Il était trois heures quand nous quittions ce temple des haillons si curieux à visiter. J'éprouvais le besoin de respirer un peu, car la forte odeur du cuir se combinant avec le relent des choux aigres, parfum local auquel il allait falloir m'habituer, avait singulièrement surexcité mes nerfs et j'acceptai vivement la proposition de mon aimable guide, de prendre un droschki et de nous laisser emporter avec une rapidité d'hiron-

delle sur la large voie où les voitures se croisent, se
coupent, passent du pavé de bois au pavé de granit
sans jamais se toucher, et où chacun, à fond de train,
filait de son côté, trouvant la place de ses roues là où
brouette n'aurait pu passer.

Nous étions déjà arrivés au pont de la Troïska, le
plus beau pont de Saint-Pétersbsurs, sans que j'aie pu
examiner sur mon chemin le moindre personnage,
quand mon ami me fit la nouvelle proposition de retourner sur nos pas, mais à une allure plus pondérée,
afin de me permettre d'étudier un peu les passants,
les promeneurs et aussi la partie la plus intéressante
de ce pays nouveau, ceux qui vivent de la rue elle-
même.

Nous prîmes donc le pas, au grand chagrin de notre
isvosnich — cocher — et peut-être aussi du choval;
mais les ordres du lieutenant étaient formels, et bête
et homme durent s'incliner.

Je remarquai, comme à Paris, sur les trottoirs beaucoup de désœuvrés, des officiers, des Allemands et des
Juifs. Les femmes, qui sont peu nombreuses, vont
rarement à pied, si ce n'est la Française, généralement
en toilette tapageuse.

Voici maintenant quelques types russes : des artelch-
tichiks, ou domestiques des marchands, au cafetan
bleu, une casquette à disque plat et à visière plaquée
sur le front, les cheveux et la barbe séparés comme
Jésus-Christ; des gamins avec leurs tabliers en forme
de pagne et retenus à la taille par une ficelle ; quelques
nourrices en costume national, coiffées du *povoïnik*,
espèce de toque en forme de diadème, de velours rouge
ou bleu orné de broderies d'or. La robe ressemble à
une tunique et laisse voir une seconde jupe d'une
étoffe moins riche. La tunique est rouge ou bleue et
bordée d'un large galon d'or. Ce costume, porté par
une belle femme, a beaucoup de noblesse. Quant aux
enfants, ils sont fort gentils dans leur petit cafetan

bleu et leur chapeau aplati que décore le bout d'une plume de paon.

On aperçoit sur le pas des portes les dvornicks ou portiers, ils ont, comme les moujiks, la chemise bleue par-dessus le pantalon et les grosses bottes. Moins heureux que leurs confrères, les potentats parisiens, ils veillent toute la nuit, paraît-il, il ne connaissent pas le cordon et viennent ouvrir en personne au premier appel. En outre, chaque quartier possède ses veilleurs sorte de gardiens des rues qui couchent au-dehors des maisons et ont pour mission de parcourir leur section en annonçant les heures et en frappant le sol d'un long bâton ferré, et le droit, non seulement de dresser procès-verbal contre tout propriétaire dont la porte est restée ouverte, mais encore de pénétrer dans la maison pour faire constater le délit, ce qui amène parfois des aventures comme celle qui est arrivée plus tard à un de nos concitoyens et qui a failli tourner au tragique.

C'était en plein hiver et par un froid de 25 degrés. Nous revenions du théâtre et, sous la neige qui nous aveuglait, nous avions vainement frappé à coups redoublés pour réveiler l'un de nos domestiques chargé du service de nuit. A peine avait-il ouvert la porte, que nous pénétrâmes comme une avalanche dans la maison que nous habitions en famille, et le malheureux encore endormi oubliait, dans sa précipitation, de refermer la porte derrière lui.

Mais le gardien de la rue veillait et, à peine étions-nous dans nos chambres qui communiquaient entre elles par des portes constamment ouvertes pour permettre a la chaleur du poêle central toujours en feu de s'y répandre, que des cris : Au secours! à l'assassin! se faisaient entendre dans l'appartement d'un de nos chefs, M. Masson.

Le revolver au poing, nous pénétrâmes chez lui et le spectacle suivant s'offrit à nos regards : Au pied du lit, Masson, dans un costume des plus primitifs, son bonnet de coton sur la tête, serrant à la gorge un homme que nous reconnûmes aussitôt pour le vigilant gardien qui, ayant entendu le bruit que nous avions fait en frappant, était accouru, sa lanterne sourde d'une main et son lourd bâton de l'autre. Trouvant la porte ouverte, il avait pénétré dans la première pièce à sa portée et avait touché l'épaule de notre dormeur qui, surpris dans son sommeil, se préparait, sans notre arrivée, à lui faire un mauvais parti.

Deux ou trois verres de *wodki* mirent en belle humeur notre brave gardien, mais la conséquence de cette algarade fut plus terrible pour le domestique qui, aussitôt appelé, reçut d'abord la punition corporelle qu'il méritait et le lendemain il quittait notre service pour n'y plus rentrer.

Cette petite aventure, parmi tant d'autres, m'a fait oublier un instant la Perspective-Newski. J'y reviens pour de nouveaux types russes.

Ce sont les moujiks qui, sur le bord des trottoirs, vendent des pommes ou des gâteaux, pendant que d'autres portent dans des corbeilles en copeaux de sapin tressés, des petits pains. De distance en distance on aperçoit des ouvriers en touloupe miroitée de crasse ou de graisse, qui raccommodent avec leur hache le pavé en bois.

Aux angles des rues se tiennent les marchands de thé, cette boisson favorite en usage dans toute la Russie. Sur de petites tables aux pieds branlants, le *samowar* est en permanence entouré de verres sans pieds et de petites tasses dans lesquels, pour quelques *kopecks* — quelques sous — les passants se font servir le thé presque bouillaut et peu ou point sucré, et les riches comme les pauvres en prennent plusieurs fois par jour.

Quelques officiers qui passent en ce moment, s'approchent de mon compagnon qui veut bien me présenter à eux comme un Français désireux de connaître la Russie, ses habitants, ses mœurs et ses coutumes. Ces militaires sont presque tous coiffés du casque ou de la casquette et leur poitrine est couverte de décorations. Leur costume tranche sur celui des fonctionnaires qui portent de longues redingotes plissées dans le dos et froncées par derrière à la ceinture ; ils ont en outre une casquette de couleur sombre avec cocarde sur le devant.

Comme nous devons aller le soir au théâtre français, nous nous empressons d'aller retrouver mes concitoyens au restaurant où chacun raconte ses pérégrinàtions dans cette première journée, et, à huit heures, nous pénétrons dans l'immense salle où une ornementation sans frein ni règle se joue en mille caprices d'une richesse désordonnée et où règne à profusion le velours, l'or et la lumière.

La salle était comble et l'on ne peut se défendre d'un certain orgueil en voyant, à six ou sept cents lieues de Paris, notre langue assez répandue pour alimenter de spectateurs un théâtre exclusivement français.

Minuit allait sonner et nous nous préparions à rentrer à l'hôtel lorsque nous fûmes repoussés sur le trottoir par la foule des promeneurs que des agents de police, accompagnés de soldats d'infanterie et de cosaques à cheval, forçaient à abandonner la chaussée. D'autres cavaliers, porteurs de torches, apparurent bientôt, passant devant nous en un galop vertigineux. Au loin un sourd roulement se faisait entendre et, en moins de temps qu'il n'en faut pour l'écrire, des pompes, des chariots, des échelles monumentales, attelés de magnifiques chevaux, traversèrent la rue comme les bruyants fantômes d'une sinistre fantasmagorie.

Puis le torrent humain de curieux se referma, et, moujiks, habits noirs et uniformes se précipitèrent vers le lieu du sinistre, car un incendie venait d'éclater dans le quartier bas de la ville et ce désastre, au dire des veilleurs de nuit, était déjà considérable.

Tout en suivant le flot, j'interrogeai Borinoff sur l'organisation des secours et sur la beauté des chevaux qui conduisaient les différents attelages, et voici ce qu'il m'apprit :

Saint-Pétersbourg est organisé en un certain nombre de quartiers possédant chacun un poste de vigies qui, dominant la ville, communiquent par signaux avec l'état-major des pompiers. Lorsqu'un incendie éclate dans un quartier, la vigie de ce quartier le signale. Aussitôt les chevaux sont attelés pendant que des gardes à cheval prennent les devants pour faire ranger la foule et éviter les accidents qui se produiraient nombreux sur le passage de cette véritable trombe. Quant à la cavalerie que possède nos pompiers, ne vous étonnez pas qu'elle soit aussi belle, car voici comment elle se recrute. Lorsqu'un cheval s'échappe des écuries, fussent-elles impériales, lorsqu'un cavalier, un droscki, un équipage quelconque, blesse un passant par imprudence, tous ces chevaux sont confisqués et donnés à l'administration des incendies. Malheureusement, notre matériel ne répond pas assez aux attelages ; il est massif, lourd et difficile à manœuvrer, et nos hommes, malgré leur courage et leur témérité, n'ont pas cette agilité, cette science que possèdent vos pompiers parisiens. Ils se jettent au milieu des flammes sans songer à leur propre existence, mais, hélas, ils n'y apportent pas la prudence et le sang-froid si nécessaires en pareille occurrence.

Ce faisant, nous arrivâmes sur le lieu du sinistre où, grâce à l'uniforme de mon ami, je pus pénétrer au cœur de la place. Le désastre était effrayant ! Soixante-trois maisons étaient la proie des flammes et une rue assez large avait seule préservé le reste du quartier ; sans cette artère, trois cents habitations eussent été infailliblement détruites, ces maisons étant toutes construites en bois.

L'imprudence d'un fumeur avait été la cause de ce formidable sinistre, et je compris alors la sagesse de l'ukase impérial interdisant aux habitants de fumer dans les rues.

Certes la valeur de ces habitations n'était pas considérable, mais que de familles en pleurs, que de femmes, de pauvres enfants sans abri à cette heure gisaient sur le pavé de la rue, au milieu des décombres, n'attendant rien que de la charité publique, pendant que les hommes, au milieu de ce désarroi, retiraient quelques épaves de leurs habitations détruites.

A l'hôtel, personne n'était couché quand nous rentrâmes et nous dûmes subir un interrogatoire en règle sur les évènements de la soirée. Le thé, les victuailles et les cigarettes aidant, ce ne fut qu'à deux heures du matin que je regagnai la chambre commune, après avoir reconduit mon excellent Borinoff à son droski, nous promettant de nous retrouver le lendemain pour faire une visite à Péterhoff, sejour habituel de l'Empereur et de la Cour, mais dont, hélas, les hôtes étaient absents, le czar passant cette année-là la belle saison à Tsarskoïe-Sélo, seconde résidence impériale située à une heure de la capitale et dans une direction opposée à Péterhoff.

Ce-matin là, qui était un dimanche, mes camarades m'entendant ronfler comme un tuyau d'orgue, s'étaient bien gardés de me réveiller, et il fallut le bruit fait par le domestique de service, pour me tirer de cette somnolence inaccoutumée.

Il était neuf heures ! ma première pensée fut d'ouvrir l'une des fenêtres que je refermai presqu'aussitôt, assourdi que je fus par le son des cloches qui partait à la fois de tous les dômes, les campaniles, les clochers et clochetons de la ville, laquelle n'en compte pas moins, paraît-il, de cent quatre-vingt à deux cents.

Que faire en attendant l'heure du déjeuner ; Borinoff
ne devait venir me prendre qu'après son service, et il
me fallait tuer le temps le plus agréablement possible,
ignorant que j'étais des usages établis en ce jour d'i-
naction. Je descendis dans la salle commune et faisant
appel à la bienveillance de notre maître d'hôtel, je le
priai de me procurer un guide.

Mon fils est employé au musée de l'Hermitage, me
dit-il, prenons une voiture et je vais vous y conduire
étant libre aujourd'hui jusqu'à midi ! J'acceptai chaleureusement cette agréable proposition et nous partions quelques minutes après.

Conduit avec autant de bonne grâce que de science
par le jeune attaché, je pus visiter à l'aise ce palais
bâti par la grande Catherine, qui s'y réfugiait pour se
sauver des courtisans et y converser avec les savants
et les philosophes français.

Les tableaux et objets d'art étaient repartis en quarante et une chambres. Un petit cabinet renferme des
antiquités trouvées en Crimée et qui appartiennent à
la Grèce antique. Il y a un cabinet de médailles et un
autre de camées, qui proviennent du duc d'Orléans,
père de Louis-Philippe.

La série des tableaux français de l'Hermitage était
alors très restreinte ; du temps de Catherine, on n'en
achetait guère, il est vrai qu'il y en avait peu. Mon
guide me fit remarquer quelques toiles des peintres
russes, Bruloff, Brum et plusieurs autres. L'œuvre
principale de Brum représente *le Christ apparaissant
à Marie Magdelaine.*

Dans la bibliothèque, se trouvaient plusieurs ma-
nuscrits de Voltaire ainsi que de nombreux volumes
donnés par lui et revêtus de notes de sa main, mais
ce qu'il m'a été donné de voir de plus curieux, c'est la
collection des tabatières.

Si j'en crois mon jeune érudit, lequel parle notre
langue avec une grande pureté, les aventures de cha-

cune, les mains par lesquelles elles ont passées avant d'entrer dans ce capharnaüm impérial, pourraient faire le sujet de nombreuses chroniques intéressantes.

Cette visite terminée, nous remontâmes en voiture pour rentrer à l'hôtel, non sans avoir remercié mon aimable cicérone, qui m'engagea à ne pas quitter Saint-Pétersbourg sans aller voir le musée de l'Ecole des Mines qui possède, me dit-il, le premier cabinet minéralogique qui soit au monde.

J'aurais voulu m'y rendre aussitôt, malheureusement il n'était visible le dimanche qu'à la condition de posséder une carte spéciale que je ne pouvais me procurer instantanément. Je résolus donc, en attendant l'heure du déjeuner, de faire une nouvelle excursion sur la *Perspective*, dans la direction du monastère de Saint-Alexandre Newskoï, pour y entendre la messe en musique qui s'y dit chaque jour et visiter le tombeau du saint qui est d'argent massif, du poids, dit-on, de deux mille cinq cents kilos, mais l'homme propose et les évènements disposent, en voyage surtout, ainsi qu'on va le voir.

Au moment précis où j'ouvrais la porte de la salle dans laquelle nous venions de dévorer quelques sandwichs arrosés de plusieurs *verres* de thé bouillant, un mougik entrait, précédant un jeune homme de seize à dix-sept ans, vêtu de l'uniforme des Cadets, qui s'avançant vers moi, me présenta une carte de visite sur laquelle je lus : *Paul Borinoff*, et plus bas ces lignes : *Ami, mon père vous prie de nous faire l'honneur de la journée ; mon frère qui vous remettra celle carte doit vous ramener ; en refusant vous m'affligeriez. Je vous attends.*

A cette gracieuse invitation, il m'était impossible de résister ; en un tour de main je remontai endosser la tenue de cérémonie et dix minutes après je prenais place à côté de mon jeune compagnon dans sa Troïka, attelée de trois chevaux *Orloff* d'un noir de jais, que le cocher avait grand' peine à maintenir, tant leur vitesse devenait prodigieuse.

Tout à coup, en face l'église St-Isaac, les chevaux s'arrêtèrent brusquement, ce qui me fit tomber en avant, les mains accrochées au siège du cocher.

Quand je me relevai, j'aperçus le jeune cadet debout, saluant militairement pendant que notre cocher tenait à la main sa coiffure originale.

C'était l'empereur qui faisait sa promenade quotidienne, dans un droski attelé d'un cheval de toute beauté et que suivaient au galop, deux cosaques la lance au poing. Mais tout cela avait passé devant moi comme un éclair, et grâce à ma chute malencontreuse il me fut impossible d'apercevoir les traits du souverain.

Cet incident vite oublié, la troïka reprend son train d'enfer, et bientôt nous échangeons le pavé de la ville pour la route dite *naturelle* où l'équipage, sautant d'une ornière à l'autre, soulève un épais nuage de poussière,

A gauche, nous voyons des bois coupés d'allées soignées. Entre les arbres, on aperçoit de jolies maisons de campagne avec leurs terrasses surélevées et abritées de rideaux de toile bise largement bordés de rouge. A droite, s'étend la plaine. La route sablonneuse monte et descend, et les chevaux nous envoient au visage une impalpable poussière. Bientôt les vêtements, les coiffures deviennent blancs, tandis que les cheveux, les sourcils grisonnent à vue d'œil. Par milliers, des corbeaux nous font cortège. Les champs en sont noirs; les frêles bouleaux sur lesquels ils se perchent en masse semblent s'incliner vers les talus,

Notre voiture danse abominablement. C'est une trépidation continuelle et je n'ose avouer mon effroi. Plus tard, dans quelques semaines, j'affronterai des chemins plus impraticables encore avec bravoure et facilité.

Quarante minutes de course rapide, presque toujours

à travers bois, et nous sommes au bout de notre course.

Brusquement, un site ravissant apparaît. A droite, un lac romantique, dont je ne puis apprécier l'étendue, cerné d'arbres, s'enfonce dans de vaporeux lointains. Deux allées sablées suivent les méandres de l'eau ; elles mettent comme un liseré d'or entre les pentes gazonnées inclinées vers le lac et la verdure plus sombre des premiers sapins. A gauche, une avenue de plusieurs kilomètres aligne les fûts réguliers de ses arbres centenaires, ayant à une de ses extrémités une petite église claire aux clochetons bulbeux.

Encore un instant la troïka roule sur des routes herbues, circule parmi les détours d'un parc immense et s'arrête devant le jardin d'une villa dont la terrasse disparaît sous les fleurs et les plantes grimpantes. C'est le coin charmant où, dans la reposante fraîcheur des lacs et des bois, je vais finir cette journée qui se présente sous de si riants aspects.

J'étais à peine revenu de ma surprise que deux moujiks, en chemises rouges et bottes vernies, portant le petit chapeau de forme Louis XI orné de plumes de paon, me conduisirent à un cabinet luxueusement installé où je pus réparer le désordre de ma toilette en attendant l'instant d'être présenté au maître du château, auquel mon jeune guide avait été, sans doute, annoncer notre retour.

Quelques minutes s'étaient à peines écoulées quand la porte s'ouvrit de nouveau et mon cher Borinoff, en tenue d'apparat, me serrant la main avec affection m'invita à le suivre.

Nous traversâmes un long corridor dont les murs étaient garnis d'armes et de tableaux, que je n'eus guère le temps d'examiner, car deux autres domestiques venaient d'ouvrir la porte d'un grand salon et un officier de haute taille, tête nue, la barbe grisonnante en éventail et la poitrine couverte de décorations, s'avança vers moi, et, me prenant par le bras me conduisit à une dame qui, assise sur un canapé, se leva aussitôt. Une jeune fille se tenait accoudée au dossier d'un fauteuil de velours rouge et à côté d'elle je reconnus le jeune cadet qui m'avait accompagné depuis Saint-Pétersbourg.

Je ne savais trop, je l'avoue, quelle contenance tenir car le monde était encore pour moi chose inconnue ! Fils d'un honnête et modeste négociant, je n'avais jamais fréquenté dans les salons aristocratiques, et l'émotion qui m'étreignait rendait ma tâche encore plus difficile. Borinoff, de son tact infini, comprit vite la situation de ce jeune homme de vingt-deux ans transporté subitement dans les régions seigneuriales, et avec une bonne grâce dont je lui sus gré d'un regard :

— Mon excellent père, le général Borinoff. dit-il, et ma douce et tendre mère, sachant que mon service militaire allait me priver du plaisir d'accepter ce matin votre aimable invitation, ont autorisé l'envoi de la carte que mon frère vous a portée. C'est vous dire que vous êtes notre hôte et que nous sommes heureux de vous avoir au milieu de nous.

Et le général reprit à son tour : « Jeune ami de mon fils, tous ici, nous saluons en vous votre belle et noble France, votre Paris que je connais et que j'aime et votre armée qui, si elle nous a vaincus il y a quelques jours à peine — car j'étais à l'Alma et à Sebastopol — s'est aussi montrée à notre égard pleine de courtoisie et de fraternité. Mon fils vous l'a dit, vous êtes notre hôte pour le temps qu'il vous plaira de rester au milieu de nous. »

Devant un semblable accueil, ma seule réponse fut de me jeter au cou de l'excellent Paul, car les larmes inondaient mon visage et, lorsque la digne épouse du héros s'approcha à son tour, je me précipitai dans ses bras comme je l'eusse fait pour ma bonne et sainte femme de mère. J'y serais resté longtemps sans doute si un domestique n'était venu parler en russe au général.

— Martha, voici ton jeune cavalier, dit l'ami Paul à sa sœur, je te le confie car tu es son aînée, Serge et moi formerons l'arrière-garde. Et nous suivîmes les chefs de famille dans une vaste salle à manger dont les stores blancs tamisaient l'ardente lumière. Les fenêtres étaient ouvertes sur l'allée centrale, et au loin nous entendions un chœur de faneuses, dont les voix aiguës et pures, et les costumes éclatants, prenaient dans ce cadre des bois une saveur toute neuve.

Après le déjeuner, le général et Mme Borinoff s'étant retirés, pour la sieste, dans leurs appartements, liberté complète nous fut accordée.

Je manifestai tout d'abord le désir de revoir le vestibule par lequel j'avais pénétré dans le grand salon. Il y avait là des masses d'armes, des épées, des yatagans, des dagues et des fusils à long canon, à crosses incrustées de turquoises et de coraux. Un second trophée faisait face à cette panoplie cosmopolite. Il se composait de carquois, d'arcs, de tromblons, de casques à gorgerins de mailles, de zagaies africaines et de narghilès en acier; de chaque côté, des tableaux et des gravures.

Après m'avoir décrit ces mille objets qu'une curiosité pittoresque avait rassemblés, Paul me fit entrer dans le cabinet de travail de son père. J'y remarquai le portrait du czar, en pied, puis, lui faisant face, un nouveau trophée d'armes de chasse, suspendues à des massacres de cerfs, de rennes et groupées avec des têtes de loups et de renards, victimes de l'habile tireur. Sur la table, un encrier, creusé dans un boulet de canon, souvenir de Crimée, et une papeterie, chef-d'œuvre de la menuiserie nationale, où le bois se pliait aux arabesques et aux caprices les plus curieux. Dans un coin, un lit de camp, ou lit de repos, complétait avec quelques fauteuils l'ameublement de cette pièce.

Ma curiosité satisfaite, le jeune Serge proposa de descendre au jardin pour de là nous rendre à cheval au lac en suivant les contours des bois. Le pauvre enfant n'avait pas réfléchi que sa sœur étant avec nous, allait être privée d'une promenade dont elle se faisait une fête depuis le matin, car, ne sachant pas monter à cheval, il eut fallu faire atteler une voiture et le général pouvait avoir besoin de ses chevaux. Notre mentor fit remarquer à son frère l'inopportunité de sa proposition et nous voilà partis avec la gaieté de jeunes écoliers qui font l'école buissonnière, mais non sans que les deux enfants se fussent embrassés en signe de fraternelle réconciliation.

J'étais d'autant plus heureux de cette détermination que, si je savais à peu près me tenir a cheval, je n'en étais pas moins un fort mauvais cavalier, comparativement à mes deux compagnons, et je sentais qu'une chute possible n'aurait servi qu'à me rendre ridicule. Je ne me doutais certes pas alors que le cheval deviendrait avant peu l'auxiliaire indispensable de mes travaux.

A mesure que nous avancions, j'admirais cette solitude radieuse et pittoresque, agreste et fleurie. On n'entendait que le chant lointain des moujiks qui travaillaient dans les terres. En approchant du lac, des jeunes filles, vêtues de rouge, nu-pieds sur des radeaux, leur donnaient la réplique en enlevant les herbes qui flottaient sur les bords de l'immense pièce d'eau, envahie d'innombrables nénuphars, au milieu desquels scintillaient des milliers de fleurs blanches. La brise, pesamment chargée de l'arôme résineux des pins, passait sur ce merveilleux désert.

A quatre heures, nous étions de retour au château. Les servantes, en jupes multicolores, avaient pris possession de la terrasse où le général et Mme Borinoff nous attendaient. Les rideaux de toile bise enjolivés de rouge avaient été baissés, et, sur une table en bois découpé, le samowar avait été dressé; à côté, la crème, les citrons, les gâteaux, les confitures de framboises qui se mangent avec le thé dans de minuscules coupes de cristal.

La conversation s'engagea sur les principaux faits de la journée : ma visite à l'Hermitage, ma chute dans la troïska au moment précis du passage de l'empereur, et surtout notre escapade en forêt, d'où nous avions rapporté des monceaux de fleurs, parmi lesquels le général en reconnut une certaine partie dérobées dans le jardin par l'espiègle cadet.

Pendant que chacun de nous s'évertuait à distraire le vieux soldat, Paul nous avait quittés sur un signe de son père, et je commençais à m'inquiéter de son absence quand je le vis revenir au moment où nous quittions la terrasse. Je n'osai l'interroger dans la crainte de commettre une indiscrétion, mais je fus, je l'avoue, tourmenté jusqu'à la fin du dîner qui ne se termina qu'à huit heures et pendant lequel l'excellent général nous raconta les faits les plus saillants de la campagne de Crimée.

Huit heures déjà !... L'heure du départ allait sonner pour moi, et cet instant devenait plus douloureux car je sentais qu'un adieu allait s'échanger entre le pauvre voyageur et cette adorable famille devenue chère à mon cœur d'exilé, et je ne pus retenir mes larmes.

Paul, qui depuis un moment ne me quittait pas des yeux, s'aperçut vite du changement qui s'opérait en moi et, s'approchant, il me prit les mains et me conduisit auprès de sa mère : « Mon cher enfant, laissez-moi vous donner ce nom, me dit-elle de sa voix douce et harmonieuse. le général vous invite à accepter jusqu'à demain notre sincère et cordiale hospitalité ; une chambre est mise à votre disposition à côté de celle de votre ami. Prévoyant aussi l'objection que vous

pourriez nous faire, des ordres ont été donnés pour
que vos chefs soient prévenus de cette absence, et,
puisque mon fils devait vous conduire à Péterhoff,
c'est en famille que vous irez demain visiter le château de notre auguste souverain ! » Nous rentrâmes
joyeux au salon où le général, assis dans un vaste
fauteuil, nous attendait en fumant une longue pipe
turque, et, tout ému d'un semblable accueil, je lui
renouvelai mes remerciements.

C'est à partir de ce jour que je sus apprécier l'hospitalité en Russie. Bienveillante et familière, elle vous
met de suite à l'aise. Rien de ces réticences d'amour-
propre, de cette gêne qui causent chez nous les moindres désagréments. Le Russe est plus simple. Ses
sentiments se manifestent plus naturellement parce
qu'ils sont moins faussés par la vanité et l'hypocrisie
du monde.

Là c'est la famille. La famille de France reconsti-
tuée presque au complet en terre russe, sauf, hélas !
les douloureuses absences. Combien est douce et
charmante cette vie d'été à la campagne ! Oh ! la campagne russe si vaste, si large, avec ses bouleaux légers, ses plaines désertes, son ciel polaire, quel
charme elle possède ! Mais ce charme ne s'exerce qu'à
la longue. L'enchantement n'agit que lorsqu'on a
compris la poésie latente des steppes, des terres
plates, des sites indéfinis, des fuyants horizons. Et
quand il est venu, cet enchantement, il reste, s'insi-
nue, et les années ne peuvent l'effacer !

Plongé dans ces reflexions, je venais d'oublier pour
un instant l'hospitalière demeure, et ma pensée, quittant ce pays merveilleux, s'était reportée vers l'humble
logis où mes parents bien-aimés pleuraient sans doute
l'absence de leur unique enfant.

Les accords d'une harpe me ramenèrent à la réalité
présente, sans qu'on eut le moindre soupçon des sentiments filiaux qui avaient agité mon esprit. Un subit

étonnement me fit aussitôt oublier — la jeunesse est, hélas ! ainsi faite — ceux dont mon cœur venait de se rapprocher. La voix sonore et bien timbrée de mon cher Paul entonnait en ce moment l'*Hymne Russe*, que sa sœur accompagnait et que le général, la casquette à la main, semblait écouter avec un silence profondément religieux.

Si, comme tous les Français, j'ai entendu maintes fois, depuis mon retour, ce chant large et grandiose en sa conception musicale, il a eu tout particulièrement le don de m'émouvoir le jour où fut exécuté, sur la scène du Trocadéro, lors de l'Exposition universelle de 1878, LA BÉNÉDICTION DE LA NÉVA, œuvre magistrale d'un enfant de mon pays natal, Adolphe Nibelle, enlevé, il y a deux ans à peine, à l'affection de ses amis et des nombreux admirateurs de ses talents réunis de compositeur hors ligne et de poète remarquable.

Avec l'éminent symphoniste, je m'étais retrouvé le 6 janvier 1857, sur le quai du fleuve, ce jour-là jouissance à Saint-Pétersbourg, alors que le czar, suivi d'une armée de généraux et précédé d'un innombrable clergé aux chapes de brocart, d'or et d'argent, se rendait à la chapelle, où, sous un dôme richement décoré, s'ouvrait un puits communiquant avec l'eau de la Néva, dont on avait coupé la glace. Une ligne de soldats maintenait l'espace libre du fleuve à une assez grande distance de la chapelle. Ils étaient là. tête nue, leurs casques à côté d'eux, les pieds dans la neige et si immobiles qu'on eut pu les prendre pour des poteaux indicateurs. J'entendais sur l'autre rive de cette mer de glace les canons tonner pendant que des milliers de cloches sonnaient à toute volée.

Un orchestre incomparable d'instrumentistes et de chanteurs interprétait avec maëstria les différentes phases de cette prodigieuse mise en scène.

Puis, par une transposition savamment ménagée, je

me retrouvais au milieu d'une fête au village russe,
où le peuple danse aux sons d'instruments bizarres,
boit et se réjouit à sa façon, puis la fête terminée, les
paysans et leur famille, rémontant dans leurs petites
voitures à quatre roues, faites de quelques planches
réunies par des cordes et attelées de petits chevaux
poilus qui filent comme le vent. Je les revoyais là, ces
pauvres mougiks, titubant sous le *kross* et le *vodki*,
chantant à tue-tête et oubliant alors qu'ils étaient des
serfs, bêtes de somme soumises au despotisme du
seigneur, qui avait sur eux droit de vie et de mort.

- Sous les phrases musicales de cette symphonie imi-
tative il me semblait entendre encore, au loin, dans la
nuit, les mille clochettes des *dougas*, et les voix
fraîches des chanteuses me rappelaient les airs bizarres
et enivrants des couples amoureux mêlés au chant des
oiseaux, aux bruissements des feuilles, au galop lointain des chevaux dans la steppe, battant la mesure et
fuyant à travers les bois ombragés, alors que le long
des berges brillaient, comme des vers luisants, les
lanternes des pêcheurs allant relever leurs filets.

Après cette digression que je devais à la mémoire
de celui qui n'est plus, je reviens à mes amis. Il était
dix heures quand je pris congé du général pour monter à la chambre qui m'avait été destinée. Là, dans la
resplendissante douceur du soir, le parc, les eaux, les
bois me communiquaient, par la fenêtre grande ouverte, un charme indéfinissable. Du ciel pâle il semblait tomber du silence, je ne sais quoi d'apaisant et
de doux. Il me semblait voir, dans l'épaisseur de la
verdure, une fête de lucioles, feux follets tentateurs.
Un cor jouait au loin sur une rive obscure et du clocher voisin s'égrenaient des coups égaux, sonores, que
l'écho répétait dans le mystère des plaines infinies et
dans les bois profonds.

. . . .

Dès le matin les ramiers me réveillèrent. Ils descendaient bruyamment du toit pour becqueter la graine jetée au bas de la terrasse, frôlant ma fenêtre de bruissements d'ailes. Puis, en masse, ils partirent vers la forêt dont on entendait le large souffle, dont on respirait les parfums.

La maison était déjà réveillée. Une escouade de servantes en robes de percale rose, bleue, verte s'agitait et tourbillonnait. A huit heures, on servit le thé sur la terrasse et nous descendîmes au jardin en attendant le déjeuner, qui eut lieu à dix heures précises.

Une heure après, le général et M⁻⁻ Borinoff prenaient place dans une des deux voitures qui attendaient déjà au bas du perron. Serge, sa sœur et moi nous nous installâmes dans la seconde et nous voilà partis pour Péterhoff, pendant que Paul, à cheval, caracolait autour de nous en écuyer cavalcadour.

Depuis quelque temps nous marchions à une allure désordonnée, sans autre spectacle que la forêt ou la steppe, quand au détour d'un bois de sapins la Néva nous apparut. Ses bords n'avaient rien d'accidenté, néanmoins, grâce au beau soleil qui nous éclairait en ce moment et aux embarcations qui couvraient le fleuve, ce coup d'œil était fort animé. Cronstadt, que nous apercevions au loin, ajoutait encore au grandiose de cette perspective.

A l'approche du Palais Impérial, un élégant jardin se dessine devant nous : C'est là, dit le général, que l'Empereur vient prendre son café quand il réside au château ! De là, la Néva est vraiment belle : elle a trois ou quatre lieues de largeur ; on se croirait en mer. Une belle cascade formant escalier frappe mes regards ; tout alentour du jardin, une foule d'officiers civils et militaires circule au milieu des vastes parterres semés de fleurs odoriférantes.

Ce que j'admire le plus, ce sont ces beaux casques au cimier éclatant, surmontés de l'aigle impérial aux ailes déployées, sur lesquels flottent en les enveloppant de larges panaches de crin blanc.

Avant d'entrer dans le palais, on voit un canal et des fontaines dont les eaux s'élèvent pour retomber en gerbes du plus gracieux effet. La position de Péterhoff est admirablement choisie. Des fenêtres, on plane sur la Néva, depuis Cronstadt jusqu'à St Pétersbourg. On apperçoit les îles verdoyantes que forme le fleuve et; au loin les côtes de Finlande.

Le château n'a rien de remarquable en lui-même ; les vieux appartements ont été bâtis par Pierre-le-Grand. Depuis chacun de ses successeurs y a démoli, ou ajouté quelque chose. Une partie des murailles extérieures est couverte de carreaux de faïence comme dans les maisons Maures.

Cependant l'intérieur du palais renferme de fort belles tapisseries, des tableaux et surtout une collection de près de quatre cents figures de femmes revêtues du costume usité dans chacune des provinces de l'empire à l'époque du voyage qu'y fit la grande Catherine.

Cette visite terminée, nous nous dirigeâmes vers un parc aux majestueuses perspectives, allées d'ifs taillés, aux grandes eaux jaillissant des bouches de Tritons de bronze. Au bout de ce parc, dont le voisinage de la mer fournissait un autre élément décoratif, une belle promenade, ménagée entre les flots et la forêt de chênes, conduisait aux estocades où sont amarrés les yachts impériaux.

Ce spectacle était magnifique, j'en conviens, mais si beau qu'il fut, il était loin de pouvoir être comparé à notre Versailles, dont les jardins font l'admiration du monde entier et que rien ne peut égaler.

A cinq heures nous remontions en voiture pour nous rendre a St-Pétersbourg, par une route opposée à celle que nous avions suivie et là dans un petit salon attenant à la salle à manger de l'hôtel, je fis mes adieux à cette famille à laquelle je dus les meilleurs moments de mon séjour en Russie. Ils furent touchants, ces adieux, comme bien l'on pense, et après avoir promis à Paul, à Serge et à leur charmante sœur de les tenir au courant de mon existence future, je remerciai l'excellent général et Madame Borinoff de leur bienveillant et sympathique accueil, et je rentrai dans ma chambre le cœur oppressé pour faire mes préparatifs de voyage, notre départ étant fixé au lendemain matin.

Aprés un léger repos, j'essayai de me livrer au sommeil, mais ce fut en vain, mon esprit étant trop surexcité par le bonheur que je venais d'éprouver, il me fut impossible de fermer l'œil.

III

DE SAINT-PÉTERSBOURG A MITAU

A sept heures du matin, nous arrivions au bureau de poste où nos bagages avaient été déjà transportés. Devant la porte d'entrée, une berline de voyage aux couleurs sombres, avec sièges à l'avant et à l'arrière, nous attendait et derrière cet équipage antédiluvien, un immense fourgon, du plus beau jaune, stationnait, renfermant déjà dans ses flancs creux, notre chargement de malles, de caisses d'instruments et de papiers de toutes sortes et de toutes grandeurs.

Nous n'étions pas encore revenus de notre surprise que d'un hangar intérieur, une vingtaine de petits chevaux poilus, gros à peine comme des ânons, sans flancs et les jambes arquées firent irruption sur la chaussée, conduits par quelques moujiks. En moins de temps qu'il n'en faut pour l'écrire, ils étaient attelés par quadriges aux deux véhicules, avec des cordes pour traits et des ficelles pour guides ; un conducteur grimpait sur chaque siège et nous entassant du mieux possible les uns à l'arrière les autres à l'avant et le reste à l'intérieur nous voilà partis, non sans avoir, comme on dit vulgairement — numérotés nos os — bien convaincus de ne pas arriver à destination sans de graves avaries, avec de tels chevaux et un pareil harnachement.

Mais une fois démarés, les petits ours mal léchés qui nous conduisaient secouèrent leurs têtes avec un sentiment de fierté et, sans être poussés — le fouet étant à peu près inconnu — prirent une allure telle que nos gros percherons français eussent eu du mal à les suivre.

. A chaque relai, sur la présentation du *Podorogeni* — laisser-passer visé du sceau impérial — des moujiks se rendaient dans un champ attenant à chaque maison de poste, chercher de nouveaux chevaux du même acabit et nous repartions à la même allure pour arriver, huit heures après, à Louga, où nous fimes halte pour dîner, car nous avions déjeuné dans la voiture, de provisions achetées à St-Pétersbourg.

Mais à Louga, la grande difficulté fut de trouver du pain en quantité suffisante pour satisfaire nos appétits voraces, et nous dûmes nous contenter d'une trentaine de petits pains au beurre rance et de quelques brindilles d'un mauvais pain noir dont les chiens n'eussent pas voulu.

Il est vrai qu'en échange, le boulanger — si l'on peut toutefois donner ce nom au juif infect qui nous le vendit — tint à nous offrir des cigarettes dont il tira les premières bouffées de chacune en les allumant, ce qui, paraît-il, était l'indice d'une exquise politesse à l'égard des étrangers. Malgré notre profond dégoût, nous ne crûmes pas devoir refuser cet excès d'honneur à nos modestes personnes.

Pendant que l'on apprêtait notre repas, nous pûmes examiner à l'aise la maison de poste séparée de toutes les autres habitations. Construite d'après un modèle uniforme à toutes celles que nous avions vues, elle est en briques et en bois. Son toit en tôle, est également peint en rouge. D'un aspect assez agréable, elle coupe l'uniformité du paysage, en tranchant avec ce laid village de planches et de madriers qui ressemble à un vaste champ de foire, où grouille une population sale et dépenaillée.

Le corps principal du logis, consiste en une vaste salle commune, dans laquelle plusieurs moujiks sont attablés à boire et deux ou trois pièces de plein pied, où l'on arrive par un perron de quelques marches, pour préserver la maison des neiges et de l'humidité. Autour du bâtiment, sont des écuries, des remises contenant des *telégas* et des *tarentass* — voitures de poste et de bagages — et des granges. Dans un vaste enclos, une centaine de chevaux broutent une herbe sans couleur.

Le dîner nous fut servi par des femmes laides et mal vêtues. Les assiettes et les couverts étaient en bois, et de serviettes, pas l'ombre. La viande nous fut donnée, coupée en morceaux et nageant, avec des tranches de pain noir dans un bouillon d'une couleur livide, peu appétissante. Cette soupe m'inspira une telle répugnance, que malgré ma faim, je dus me contenter de deux ou trois de nos petits pains *au beurre*, trempés dans du thé, et d'un demi-verre d'une mauvaise eau-de-vie de pommes de terre.

Notre chef, ayant soldé la dépense au maître de poste, juif à longue barbe et à longue robe à la russe, nous nous dirigeâmes vers notre voiture, autour de laquelle nous attendaient des mendiants à la figure et au costume digne de Callot.

Je ne saurais dire ce que nous éprouvâmes, lorsque ces malheureux vinrent baiser nos souliers et nos manches. D'un commun accord, nous leur fîmes l'aumône de quelques pièces de monnaie, dont ils nous remercièrent en mettant plus de dix foix la main sur leur cœur, façon de remplacer les baisers qu'ils voulaient continuer à donner à nos vêtements et que nous évitâmes, car nous étions écœurés d'un semblable avilissement.

Jusqu'à ce moment, si le servage nous était apparu en Russie, il avait gardé des formes à peine apparentes et presque dorées; nous devions le contempler, à Louga, dans toute sa hideur, car à peine étions-nous remontés en voiture, que quatre ou cinq moujiks, sortant de la maison se précipitèrent, armés de fouets, sur ce trou- peau d'hommes, de femmes et d'enfants, qu'ils se mi- rent à frapper à coups redoublés.

A la vue de cette horrible exécution, nous oubliâmes les mœurs et les coutumes du pays où nous étions pour nous souvenir que nous étions Français, et sau- tant à bas de la berline, nous tombâmes à bras rac- courcis sur ces sauvages que nous mîmes aussitôt en fuite, puis sans attendre de nouvelles génuflexions, nous remontâmes en voiture pour repartir au galop.

Mais, hélas ! Nous n'avions pas fait une *verste* — un kilomètre — qu'une des roues du fourgon s'échappait par suite de la rupture d'un essieu, nous laissant là, placés entre ces deux hypothèses : de passer la nuit à la belle étoile campés autour de nos voitures, pendant que nos cochers retourneraient à Louga chercher des ou- vrier, ou rentrer à la maison de poste, ce qui nous semblait peu rassurant après la petite scène de pugi- lat qui s'y était passée.

Après nous être concertés, nous allions choisir le premier moyen, quand un des cochers, nous fit com- prendre, avec force gestes, que nous pouvions rentrer à la poste, et qu'avec quelques *copecks*, — quelques sous — la paix serait bientot faite.

En effet, nous avions à peine fait irruption dans la salle commune, que nos adversaires prenaient une seconde fois la fuite, et il fallut l'entremise de notre conducteur pour les forcer à reprendre leurs places, non sans avoir voulu, — eux aussi — lécher nos manches.

Comme il était trop tard pour espérer la réparation,

même sommaire, de notre fourgon, nous nous décidâmes à passer la nuit, à *l'Hôtel de la Poste*, tout en établissant une surveillance renouvellée auprès des voitures, d'après l'avis de notre chef, qui connaissait par expérience, l'honnêteté des moujiks russes.

Enfin me voilà couché, la lumière éteinte, dans un lit aux draps d'une blancheur plus que douteuse, espérant jouir d'un repos bien mérité, car je ne devais prendre la garde que vers trois heures du matin. Mais, hélas ! sur quoi compter en ce monde ? Je commençais à m'assoupir, quand je fus réveillé par quelques démangeaisons. Je m'en inquiétai peu, les attribuant à la fatigue du voyage et j'essayai de me rendormir.

Cependant les démangeaisons croissaient toujours, et elles arrivèrent au point qu'il me fut impossible de douter de la vérité. Les punaises étaient à Louga.

Qu'y faire ? Je voulus lutter contre l'ennemi, espérant qu'une fois rassasié il me laisserait en repos ; mais il ne se rassasiait pas et dès qu'une bande etait gorgée, il en arrivait une autre.

Enfin mon courage faiblit. Sautant en bas de ce lit de douleur, j'allumai la lampe et prenant la cruche à l'eau, je m'en arrosai de la tête aux pieds. Après avoir bien secoué mon linge et assouvi ma rage sur ces sangsues qui cuvaient mon sang entre deux draps, je me r'habillai, puis, ouvrant la porte de la cuisine et courant à l'écurie, j'y pris quelques bottes de paille fraîche que j'étendis à terre, et la fatigue aidant, je m'endormis sous le hangar, pour ne me réveiller que sous les secousses d'un de mes camarades qui m'avait cherché de tous côtés.

Mes compagnons de route, fuyant comme moi l'odieuse et sanguinaire invasion, étaient venus se refugier sous les hangars et dans la berline en attendant impatiemment l'heure du départ qui s'effectua dès les premières lueurs du jour.

Après avoir quitté le relai maudit, nous entrons

dans une forêt de sapins, de trembles et de bouleaux, mais dès la première verste, oubliant l'agreste paysage, et succombant à la fatigue de notre nuit passée à la belle étoile, à laquelle vient se mêler le cahotement de la voiture, nous roulons de gauche à droite, les uns sur les autres emportés par le sommeil.

Six heures après notre départ, nous arrivions à Dunabourg, ville assez importante, dont nous visitâmes quelques quartiers généralement habités par les juifs qui pullulaient alors dans cette partie de la Russie, dans la Pologne et dans la Courlande.

La forteresse, de construction récente, nous permet d'admirer un immense parc d'artillerie ; dans les rues de la ville, circulent des soldats de toutes armes, ce qui donne une certaine animation à cette cité assez triste par elle-même.

Un *Traktir* (maison de thé) rempli d'officiers, montre sa façade peinte en vert ; nous y pénétrons au milieu d'une fumée intense, mais il nous est impossible d'y rester plus d'un quart d'heure, car nous sommes suffoqués par l'odeur des pipes, du cuir et de l'eau-de-vie.

Nous visitons en face un élégant monastère aux campaniles dorés, qui résonne des voix pures de jeunes novices.

Nous sortons et marchant au hasard, nous pénétrons dans une rue où la vue du sang et les cris d'animaux que l'on égorge nous remplit d'un effroi bien naturel. C'est la rue des bouchers, que nous traversons à la hâte, écœurés de ce spectacle odieux d'amas de viande dépecée et de pauvres bêtes pantelantes gisant pêle-mêle sur la chaussée.

Nous voici dans les Poissonneries, qui ont un cachet tout particulier : partout des piscines profondes entre lesquelles les acheteurs circulent à l'aise. Les soudacs, les esturgeons, les sterlets, ce roi des poissons affirment les Russes, nagent sous nos yeux dans des bassins aux eaux glacées.

Plus loin, de mignons petits porcs, si petits, si blancs, le groin si rose qu'on les prendrait pour des bêtes en sucre et à côté, des poulets, minuscules volailles, plumés, vidés et ligottés. A table on sert douze de ces poulets s'il y a douze convives. Plus tard, un seul de ces volatiles allait constituer, avec deux œufs durs, nos déjeuners quotidiens pendant toute la durée de nos opérations sur le terrain.

Le temps étant superbe et la chaleur accablante, nous résolûmes de descendre à la Dwina, qui passe au pied de la forteresse pour nous y livrer aux douceurs de la natation sous la conduite d'un interprète indigène attaché à l'Hôtel, qui ne pouvant s'imaginer qu'on puisse se plonger volontairement dans une rivière voulait nous mener dans un bain national.

Ce fut bien pis quand il nous vît sauter à l'eau et commencer à nager ; il était sur le bord bouche béante, doutant presque si nous sortirions vivants d'un élément que jusqu'à ce jour il avait considéré comme exclusif aux poissons.

Les bains, ou étuves, il faut bien le dire, sont les sauveurs du peuple russe qui ne porte pas de linge, ou qui n'en change qu'à des époques éloignées. Ils préservent ces malheureux des infirmités, des maladies cutanées, de la lèpre et peut-être de la peste. Sans ces bains de vapeur, ils naîtraient et mourraient dans leur crasse, et ces bains mêmes ne leur enlève pas l'odeur mauséabonde qu'ils exhalent, et dont ne sont pas toujours exempts ceux qui appartiennent à la classe aisée.

- Reconfortés par ce bain salutaire, nous rentrons à l'hôtel, où un fonctionnaire du Gouvernement nous attendait à l'effet de contrôler nos passeports. Cette formalité accomplie, nous pénétrâmes dans une salle où le couvert était installé. Là, nous fîmes la connaissance d'un ingénieur de la Compagnie et de deux officiers du génie, chargés de la surveillance de nos travaux, car à Dunabourg commençaient les études de la ligne projetée qui se terminait à Mitau.

Le repas fut gai, servi à la Française : cotelettes, poisson frais, salade de pommes de terre, le tout agrémenté d'une petite bière assez agréable à boire. Quant aux quelques bouteilles d'un vin dit de Bordeaux, je n'en parle que pour mémoire, le raisin n'étant jamais entré dans sa composition. Je me garderai, par exemple, d'oublier un certain petit *kwass*, au parfum de cassis, fait de petits fruits rouges semblables au sorbier, et une charlotte russe, de croutons de pain grillé entouré de délicieuses confitures.

Au dessert, le champagne obligatoire, quelques excellents cigares de la Havane que nous savourons avec volupté et remontant dans notre... guimbarde, nous repartons pour Abéli, où nous allons trouver une première équipe de nos compatriotes installée depuis le mois d'avril.

Quelques tours de roues nous amènent à la grille d'une maison bourgeoise dont les battants s'ouvrent sous des mains françaises que nous serrons avec émotion. En face de nous est un jardin magnifique et tout au fond, sur une terrasse supportée par des colonnes en bois et des plantes grimpantes, le seigneur du lieu et sa famille semblent contempler avec plaisir ces expansions toutes naturelles.

Déjà, je me préparais, dès le surlendemain, qui était un dimanche, à faire ample connaissance avec ce séjour hospitalier gracieusement offert à nos compatriotes, quand notre chef ayant pris connaissance d'une lettre de service qui l'attendait depuis quelques jours, m'informa que je devais faire partie de la seconde équipe, et que, sans plus tarder, il me fallait partir pour Birzen avec mon concitoyen Havet.

Grand fut notre désappointement; mais il fallait obéir et deux heures plus tard nous prenions place, avec nos bagages dans une mauvaise voiture de paysan,

faite de planches à peine jointes, sans capote, montée
sur quatre petites roues et conduite par un seul cheval.

C'est dans cet équipage sommaire et à une allure
opposée à celle des petits oursons de la poste russe,
que nous fîmes les vingt-deux verstes qui nous sépa-
raient d'Abéli, où nous arrivâmes vers sept heures du
soir, après nous être renseigné du logis qu'habitaient...
les Français.

Conduits à une maison d'assez belle apparence, nous
apprîmes que l'équipe n'était pas encore rentrée mais
que nous pouvions déposer nos colis dans une des
chambres occupées par nos compatriotes.

Une heure après, nous prenions place à la table de
famille, au milieu des miens, car le chef de cette équipe
était mon proche parent qu'accompagnaient ses deux
frères partis quelques temps avant nous.

Malgré les fatigues du voyage, la soirée nous parut
courte ; nous avions tant à raconter et tant à apprendre, qu'à minuit seulement, nous prîmes possession de
lits dressés à la hâte par les soins du propriétaire de
l'immeuble et un quart d'heure plus tard, un sommeil
récoufortant nous faisait oublier les nombreux ennuis
de la route.

Le surlendemain dès cinq heures du matin, apres une
journée d'un repos absolu, nous entrions en fonctions,
pour une période de travaux qui ne se terminèrent que
le 27 septembre, toujours en pleins champs où dans
des forêts d'une étendue considérable, couchant parfois
à la belle étoile, parfois dans des maisons isolées et
quelquefois dans des petites villes où nous trouvions
généralement un accueil sympathique : Birzen, et ses
adorables juives, Bausk, au vieux château démantelé,
dernier vestige des guerres de la Courlande, Ponedéli,
entouré d'une forêt où pendant une semaine nous chas-
sâmes le chevreuil et le sanglier à n'en savoir que faire.

Dans ces intervalles, je trouvais toujours une heure
pour écrire à l'excellente famille Borinoff et chaque

mois, une lettre de mes bons parents venait apporter la joie dans notre petit cénacle.

Cette existence aventureuse avait un charme indéfini car chaque jour apportait un élément nouveau à notre ardente curiosité.

Nous avions avec nous une cinquantaine de moujiks et des soldats fournis et soldés par le gouvernement, qui nous servaient d'aides dans nos opérations ; ils nous étaient dévoués comme des chiens, car jamais nous ne les maltraitions comme ils avaient coutume de l'être par les intendants des Seigneurs ou les officiers.

Une seule fois, nous assistâmes à l'exécution par le Knout — sorte de fouet dont la lanière se termine par des balles de plomb — d'un malheureux serf coupable d'avoir volé le payeur de sa section. Il fallait faire un exemple, mais lorsque nous vîmes le sang couler et la chair se détacher sur le corps nu de cet homme impassible sous la douleur, un légitime sentiment de compassion s'empara de nous, et le révolver au poing — car nous craignions une révolte possible en arrêtant les effets de cette justice sommaire — nous mettions fin à cette scène horrible qui ne se renouvela jamais, après toutefois avoir indemnisé les victimes du vol, pauvres diables qui ne gagnaient guère plus de douze à quinze copecks — douze sous — par jour.

Ici, j'ouvre une parenthèse pour dire quelques mots de la situation du peuple russe au point de vue social et des améliorations projetées par le gouvernement.

Jusqu'alors la Russie n'avait fait aucun pas vers le progrès et la civilisation, mais, après la guerre de Crimée, Alexandre II ne tarda pas à prouver sa haute intelligence en commençant son œuvre de réformateur.

Il eut à lutter contre d'innombrables difficultés ; le vieux parti moscovite, si puissant à cette époque, intéressé à maintenir le système de corruption et de péculat qui avait envahi toutes les branches de l'administration, employait son influence à combattre les idées nouvelles qui, en dépit de ses efforts, commençaient à se répandre dans le peuple.

Les hommes de ce parti criaient contre la réduction de l'armée, et ils s'indignaient qu'on pût avoir seulement la pensée d'établir des chemins de fer en Russie. Les changements qu'on proposait d'apporter à la législation leur semblaient révolutionnaires, et l'émancipation des serfs devait, selon eux, entraîner la ruine de l'empire.

Ils savaient bien ce qui les menaçait. Propriétaires d'immenses domaines, comptant leurs esclaves par milliers, exerçant un pouvoir absolu et despotique sur leurs semblables, ils sentaient que le temps de la cruauté et de la licence sans fin allait finir, et que le premier souffle de la réforme, en inspirant au peuple une vie et une énergie nouvelles, allait pousser vers la ruine ceux qui ne voudraient pas se conformer à ce nouvel état de choses.

En ce temps-là la corruption était partout ; l'administration était gangrenée et l'argent était devenu le seul mobile.

Les prédécesseurs d'Alexandre avaient déjà, eux aussi, pensé à l'émancipation. Nicolas avait amélioré sous plusieurs rapports la situation des serfs ; c'est lui qui interdit de vendre les esclaves sans la terre, mais sur lui pesait alors un sentiment de vague inquiétude depuis la révolution qui avait signalé son avénement.

Il mourut et à Alexandre II échut la tâche de briser les chaînes qui, depuis plus de trois siècles, pesaient sur quarante-cinq millions d'hommes et les maintenaient dans un état de servitude et d'ignorance dénoncé par toutes les nations civilisées comme un reste de barbarie. Le souverain mit courageusement la main à l'œuvre et terminait, quelque temps après notre départ, l'entreprise que son prédécesseur, malgré lui peut-être, n'avait pu achever.

Malgré notre jeunesse, nous suivions avec curiosité les phases de ce grand mouvement social et, nous reportant aux salutaires effets produits en France à l'époque de la Révolution, nous faisions des vœux ardents pour leur prompt accomplissement. Aussi, lorsque le 19 octobre 1893, je me suis trouvé en rapport avec quelques officiers de la marine russe, à l'Hôtel-de-Ville de Paris, ma première pensée a été de m'enquérir du sort de ces malheureux serfs que j'aurais pu voir succomber sous le fouet et le bâton au moindre caprice de leurs maîtres.

« Cette grande réforme, m'apprit le lieutenant de vaisseau W. Dmitrieff, et l'introduction des chemins de fer a été un immense bienfait que le peuple russe se plaît à reconnaître. Les paysans, devenus propriétaires, profitent largement des facilités de communication, et ils rapportent de leurs excursions des idées plus larges et plus intelligentes que celles qu'ils peuvent acquérir dans leurs villages. Les chemins de fer exercent une influence bienfaisante dans notre pays et contribuent chaque jour à la destruction des vieux préjugés. Les formalités vexatoires que vous subissiez autrefois ont disparu et la politique de la Russie devient de plus en plus libérale. Les peines corporelles n'existent plus et le knout n'est plus aujourd'hui qu'un odieux ornement de panoplie. »

Fermant la parenthèse, je reprends le récit des faits les plus saillants qui ont marqué la période estivale de notre séjour dans l'empire des czars.

De ces travaux je ne dirai que quelques mots en établissant, par le résumé d'un jour, la monotone symétrie de ces quatre mois d'études sur le terrain.

Lever à 6 heures du matin pour ne rentrer qu'à la tombée du jour; les voitures sont prêtes et les chevaux attelés. Chacun emporte avec lui son déjeuner qui se compose régulièrement d'un petit poulet froid, quatre œufs durs et d'une gourde remplie de café mélangé d'eau-de-vie et sucré. Si l'on trouve du lait par hasard à la halte de midi, la joie sera grande.

Quand ils ne couchent pas dans des maisons de paysans, les hommes sont partis à pied depuis une heure. Je monte à cheval un peu plus tard, mon travail — le piquetage de la ligne — m'obligeant à être toujours en avant de la petite colonne avec quelques soldats portant les piquets et les drapeaux indicateurs qui seront placés suivant le tracé d'une carte qui ne me quitte pas plus que ma boussole, seuls points de repère mis à ma disposition. Si ma liberté est plus grande, cette liberté est tristement compensée par une solitude parfois insupportable, car je suis toujours seul au milieu de gens que je ne puis comprendre et auxquels je ne commande que par signes ou à peu près. Je ne me plains pas pourtant, je me porte bien et, à vingt-trois ans, la santé fait supporter bien des ennuis.

Le dimanche est jour de repos et nous essayons de le mettre à profit le mieux possible. Un de ces dimanches-là nous fûmes invités à la chasse par le comte Tyskiéwitch dont les domaines sont considérables et, à neuf heures du matin, nous arrivions au rendez-vous.

Nos montures confiées aux domestiques, nous pénétrions dans une salle de billard magnifiquement décorée où déjà se trouvaient réunis plusieurs officiers venus de Mitau et quelques seigneurs des environs, voisins et invités du comte qui, après nous avoir présentés, nous fit passer dans sa salle à manger où un repas composé de viandes froides, de gâteaux, le tout arrosé d'excellents vins, mit bientôt l'assemblée en belle humeur. Notre première pensée fut de remercier notre hôte qui avait manifesté le désir que la langue française fut la seule employée pendant cette journée de plaisir.

Malheureusement le comte, qui aimait à plaisanter,

voulut mettre notre courage à l'épreuve et, lorsque le
thé fut servi, une porte s'ouvrit derrière nous et deux
ours magnifiques dans leur laideur firent irruption
dans la salle. A peine étaient-ils entrés que l'un d'eux
— il en avait l'habitude — se dressant tout à coup
s'avança vers M. Masson, le malheureux prédestiné aux
aventures drôlatiques, et lui posa ses deux pattes de
devant sur les genoux pour solliciter de lui quelque
friandise. Notre excellent ami devint pâle comme la
mort et sa frayeur fut si grande qu'il dut être transporté dans une chambre du château où des soins em-
pressés lui furent prodigués.

Le docteur Syrsky, notre interprète, après avoir ras-
suré le comte qui était désolé et reconnu que le repos
le plus absolu était nécessaire, manifesta le désir de
rester auprès du malade, et nous partîmes pour la forêt
où déjà les rabatteurs — esclaves du comte — nous
attendaient prêts à marcher au premier signal.

Cependant, avant de nous mettre en chasse, le ri-
chissime seigneur tint à nous faire voir sa meute de
lévriers destinés à combattre le loup qui, malheureusement, ne se chasse qu'en hiver. Nous ne pûmes donc
qu'admirer ces bêtes superbes dont les aboiements
formidables s'entendaient au loin. Ils étaient moins
gros de corps que nos terre-neuve où nos pyrénéens,
mais plus hauts sur pattes et annonçaient une rare
vigueur. Leurs gueules effilées, armées de dents puissantes, s'ouvrent de manière à saisir à la gorge de
très gros animaux. Leur rapidité, paraît-il, est in-
croyable et aucune proie ne peut leur échapper. Ils
diffèrent des autres variétés de l'espèce par la longueur et l'épaisseur de leur fourrure ordinairement
grisâtre. Ces chiens. dont l'aristocratie russe paraît
s'être réservé la propriété, coûtent fort cher.

Je ne m'étendrai pas sur notre chasse qui fut très
fructueuse. On fit un véritable carnage de coqs de

bruyère, de chevreuils, de lièvres bleus et de perdrix, car on tirait presque à bout portant.

J'avais été placé à la lisière de la forêt et la plaine s'étendant devant moi, j'avoue humblement que le gibier m'intéressait peu. Mes pensées étaient ailleurs. Elles étaient à mon excellent père qu'il me semblait voir au loin dans un guéret tirant un lièvre en forme ainsi qu'il le faisait quand, gamin, je l'accompagnais dans le val de la Loire.

J'étais tellement absorbé que je n'aperçus que trop tard, en beau travers, un animal de haute taille, la tête surchargée de bois magnifiques. Je lui envoyai mes deux coups de fusil dont l'un pourtant était chargé à balle, mais trop tard, hélas! car, précipitant sa course, il disparut bientôt à l'horizon. C'était un élan et mon désappointement fut grand d'avoir perdu une occasion que je ne devais plus retrouver.

La chasse terminée, les cent quatre-vingt-seize pièces tuées furent solennellement déposées au centre d'une vaste pelouse, faisant face au château, et autour de laquelle venaient se ranger silencieusement, la toque à la main, les nombreux serfs du riche propriétaire et la distribution commença, dont nos braves rabatteurs eurent une large part.

Après un repas que je puis qualifier de somptueux, tant par la beauté du service que par la profusion des fleurs qui ornaient la table, repas qui fut présidé par la comtesse entouré de sa famille, et auquel assista notre poltron du matin complètement remis de ses émotions, nous reprîmes nos chevaux et à dix heures du soir nous rentrions au domicile commun, le cœur content et prêts à reprendre au petit jour notre service habituel.

Parmi les curiosités inattendues de mon voyage, j'eus l'occasion d'assister un jour au mariage d'un jeune paysan russe et cette cérémonie m'a parue assez intéressante pour être consignée sur mes tablettes.

Le marié était un gars solide et haut de taille ; la fiancée était jeune, forte et active, en un mot une bonne bête de somme, la femme n'étant pas autre chose en Russie.

. Il apportait quarante roubles (160 francs), un costume, un certain nombre de chemises de coton, et une paire de bottes neuves ; le mariage avait lieu aux frais de la future et de ses parents et les amis du futur, comme les amies de la fiancée, y prenaient part.

Le matin, on apporta au milieu de la chambre, un grand coffre peint de couleurs vives ; ce coffre contenait les trousseaux des mariés et devait suivre la noce toute la journée, d'abord à l'église puis au Tracktir, — Maison de thé — où on se rendit à l'issue du service religieux, et où, pendant deux ou trois jours, les invités se livrèrent à des bacchanales inénarrables, suivis d'un cortège d'amis affublés de déguisements ridicules, et au son d'une musique infernale de casseroles et de castagnettes. Enfin, le troisième jour, le coffre fut installé à demeure dans la maison du nouveau couple, et la mariée se mit sérieusement à l'ouvrage.

A l'église, le pope, au moment où il vint déclarer que les futurs étaient désormais mari et femme, prit les mains des nouveaux époux dans l'une des siennes, et marchant à reculons, conduisit trois fois le jeune couple autour de l'église en présence de la communauté assemblée. C'est de la cérémonie nuptiale la partie la plus touchante et la plus imposante, car la façon dont les paysans russes célèbrent leurs mariages est regrettable à tous les points de vue et il est à penser que les usages ont du changer à cet égard.

Les cérémonies funèbres ont chez le peuple russe un tout autre caractère. Quand les paysans perdent l'un des leurs, ils font venir des pleureurs à gages, qui veillent alternativment le corps pendant deux jours et trois nuits. On procède ensuite à l'enterrement ; chacun des assistants tient à la main un cierge allumé.

La bière n'est clouée que lorsqu'elle est descendue dans la fosse ; les pleureurs baisent le mort au front avant que le couvercle le dérobe à la vue. En été, cet usage est ausi malsain que répugnant, car l'odeur de l'encens combat à peine celle du cadavre. La cérémonie terminée, le prêtre se rend au domicile de la famille pour assister au repas donné en l'honneur du défunt et qui doit être d'autant plus bruyant et plus gai, qu'on veut honorer davantage la mémoire de celui qui n'est plus.

Telles sont les deux cérémonies religieuses dont j'ai été accidentellement le témoin. Je n'avais guère d'occasion d'observer ce qui touche au culte, mais je crois qu'il y a des rites plus extraordinaires et plus curieux que ceux que je viens de décrire.

Les Russes, et surtout ceux des basses classes, professent le plus grand respect pour la religion ; mais ce respect se borne à la religion elle-même, sans s'étendre aux prêtres qui en sont les ministres. Le moindre village à une église, parfois deux, et l'on est souvent frappé de voir un pauvre hameau, d'aspect misérable, dominé par une immense église qui pourrait le contenir tout entier. On ne peut en être surpris, si l'on songe que ces églises sont construites par les seigneurs de la région, qui y dépensent de grosses sommes.

Les Popes sont adonnés à la boisson, et les jours de grande fête, ils sont aussi ivres, sinon plus, que leurs paroissiens. Cela n'a rien d'étonnant, car alors ils parcourent le village ou la ville, entrant dans les maisons pour y consacrer à nouveau ces saintes images qui, en Russie, ornent les angles de tous les appartements depuis la chambre à coucher du grand seigneur jusqu'aux salons des lupanars, et si le pauvre prêtre donne sa bénédiction il reçoit toujours en échange quelque argent et un verre de Wodki.

Il nous arrivait assez souvent de rencontrer aux abords des auberges placées sur notre chemin, des campements de Tziganes, musiciens et diseurs de bonne aventure. Ces mendiants, qui n'ont rien de commun avec les bohémiens qui circulent en France, habitent cependant comme eux sous la tente. Mais la différence des types et leur genre de vie offrent aux voyageurs des sujets d'études plus intéressants.

Nous pénétrons un jour dans une de ces tentes où, sous les feux du bivouac, bouillent les marmites suspendues à trois piquets ; nous apercevons tout d'abord des vêtements bariolés séchant sur des cordes et, plus à l'écart, accroupie par terre au milieu d'un jeu de tarots, une vieille étudie l'avenir. Autour d'elle des femmes, des jeunes filles se tiennent debout avec des poses orientalement indolentes, sans le moindre souci des yeux fixés sur elles.

Ces natures, quand la passion ne les agite pas, ont un calme dont on ne saurait exprimer l'idée. Elles sont belles pour la plupart, mais d'une beauté sauvage. Des teints olivâtres, de petites mains brunes et des masses de cheveux d'un noir d'ébène retombent sur leurs épaules. Des colliers d'ambre ou de verroterie entourent leurs cous nerveux et leurs jupes courtes constellées d'étoiles et frangées de falbalas forment un ensemble bizarre avec les mantes rayées de couleurs voyantes. Jusqu'ici, allez-vous dire, chers lecteurs, le régal n'a rien d'extraordinaire. Prenez patience et ne désespérez pas de la Bohémienne !

Rentrés à l'auberge où nous devions passer la nuit, nous venions de terminer notre repas, quand les sons d'une cithare vinrent agréablement troubler notre digestion. Comme cette musique partait de la grande salle commune aux voyageurs, nous y pénétrâmes à la satisfaction des Bohémiens qui, ayant pressenti une recette abondante, avaient conçu le projet de se donner en spectacle.

Une des Bohémiennes s'avança au milieu de notre cercle — car à notre entrée, les paysans russes s'étaient retirés dans un angle de la pièce. Elle souleva ses

longues paupières frangées de cils noirs ; dans sa
bouche entr'ouverte par un sourire scintilla un éclair
blanc. Une transformation semblait s'être opérée chez
cette femme que nous avions vue indolente et morne
peu auparavant ; et sous les accords de l'instrument
que grattait un grand drôle à l'air de brigand, elle
chanta une mélodie lente d'abord, plus rapide ensuite,
d'une bizarrerie énivrante.

Une autre Bohémienne se joignit à la première,
et bientôt l'essaim des voix se mit à suivre le thème,
lançant des fusées de gammes, battant des trilles,
brodant des points d'orgue, faisant des rentrées subi-
tes et des reprises inattendues. Puis le chœur se
taisait, la voix première continuait à chanter et le
refrain s'accentuait de nouveau avec une énergie
endiablée.

Le sauvage esprit de la musique était déchaîné ; ce
n'était plus pour l'assemblée que chantaient les Bohémiennes. mais bien pour elles. C'était pour moi, mu-
sicien, des sonorités nouvelles, un assemblage de
timbres bizarres, des nuances inconnues.

La *prima donna* de la troupe était sans contredit
Marpha, celle qui avait rompu la première le silence
et mis le feu à la verve endormie de ses compagnes.
Ses yeux brillaient d'éclairs intermittents. Elle tenait
ses paupières baissées et les relevait, de manière à
produire des alternatives d'ombre et de lumière, et ce
manège d'œil, naturel ou voulu, était d'une séduction
irrésistible.

Bientôt, surexités par cette voluptueuse mise en
scène et un peu par les fumées du champagne — fort
mauvais du reste qui nous fut servi — nous nous
mîmes à chanter à notre tour la « Marseillaise, » sans
autre accompagnement que le refrain que tous enton-
nèrent, puis les Bohémiennes, qui s'étaient assises
sans façon sur nos genoux, se relevèrent et reprirent
leur rythme, qui devint si entraînant, si impérieux

que la danse se mêla bientôt aux chants, comme dans un chœur antique.

Cela dura deux heures, deux heures de vertigineuse volubilité, de bras pâmés, d'ondulations de torses et de piétinements sur place et notre excitation comme celle des virtuoses était telle que le concert continua sur la route ; les Bohémiennes avaient pris notre bras, et marchant de façon à se séparer en groupes espacés, chantèrent un chœur à échos et à répliques, avec des effets de *decrescendo* relevés par des reprises éclatantes d'un effet magique et surnaturel.

Autour de ces groupes originaux suivaient à distance les buveurs de l'auberge et quelques femmes de moujiks, attiré par ce spectacle singulier. C'est que les Russes ont la passion des Tziganes et de leurs chants si nostalgiquement exotiques, qui font rêver la libre vie, dans la nature primitive, hors de toute contrainte et de toute loi divine ou humaine. Cette passion, nous la partagions en ce moment-là, et nous la poussions comme eux jusqu'au délire.

Mais comme une douche glaciale, la vue du campement vint opérer sur ces femmes une transformation telle que leur énervement disparut subitement pour faire place à une prostration complète.

C'est que leurs maris, leurs amants peut-être les attendaient anxieux, prêt à s'emparer d'une recette qu'ils supposaient avec raison devoir être abondante.

Nous rentrâmes alors à l'auberge où, à défaut de lits, une épaisse couche de paille fraîche nous attendait, et sur laquelle nous nous étendîmes bientôt tout bottés.

Le lendemain au petit jour, les tentes avaient disparu et il ne restait plus dans nos esprits que le souvenir de cette soirée voluptueusement fantastique.

En compulsant les notes de mon voyage en Russie je viens de retrouver un document, que je croyais perdu et auquel les évènements du jour donnent un

regain d'actualité. C'est la relation des fêtes du Couronnement du Czar Alexandre II célébrées à Moscou
le 19 août 1856, écrite par un témoin oculaire, qui m'en
avait donné copie à Mitau.

Je ne dirai rien des cérémonies religieuses, dont le
programme a été publié déjà dans tous les journaux,
mais j'ai pensé que les détails du cortège militaire et
de la fête populaire pourraient intéresser mes lecteurs
et à leur intention j'en extrais ce qui suit :

Le jour si impatiemment attendu de l'entrée de
l'Empereur à Moscou est enfin arrivé, tout le monde
est sur pied. Les rues sont entièrement sablées et
jonchée de feuillages ; les maisons tapissées et ornées
de guirlandes.

Les habitations sont aussi combles que la chaussée :
non seulement les fenêtres sont occupées, mais les
toits. Sur les toits même on se dispute les places ; les
cheminées sont envahies : on escalade jusqu'aux tuyaux
de poêle, et je tremble de voir quelques-uns de ces
curieux imprudents dégringoler sur la foule avec leur
point d'appui.

Vers une heure, un coup de canon, suivi de beaucoup
d'autres, annonce le départ de l'Empereur de Peterskoï
La grosse cloche du Kremlin donne le signal. A ce
majestueux solo de leur reine, répondent ses sœurs
du clocher, et successivement toutes celles de la ville.

Les députations des peuples asiatiques, alliés ou
sujets de l'Empereur ouvrent la marche. Il y avait là
des Mongols, des Tartares de vingt tribus différentes,
des Cosaques de presque autant d'espèces, des Baskirs,
des Kalmoucks, des Kirghis, des Boukariens, des Cir-
cassiers, des Géorgiens, des Sibériens, des Mingreliens,
des Turcs, des Persans, des Turcomans, des Alba-
nais, des Grecs, puis des Finlandais, et jusqu'à des
Lapons et des Esquimaux, mélange indéfinissable de
couleurs et de traits. Les Chinois et les envoyés des
peuplades voisines de la grande muraille ont les cha-

peaux pointus que nous connaissons et des robes de soie et de velours d'une fraîcheur vraiment surprenante, tranchant sur les oursons noirs, bruns, gris, blancs des Mongols et des Tartares, pêle-mêle avec les bonnets en pain de sucre des Persans. Je remarque un jeune chef ou prince tout éclatant d'or, au visage noir comme l'aile d'un corbeau.

Des spécimens de chevaux de races diverses, depuis l'arabe jusqu'au poney se trouvaient là. Il y en avait de toutes tailles et de tous poils, même des frisés.

Derrière, venaient les régiments qui avaient défilé le matin. A leur suite, parurent successivement les voitures des grands dignitaires, des ministres, des ambassadeurs, toutes plus brillantes les unes que les autres. Il y en avait d'entièrement dorées, y compris les accessoires, c'est-à-dire les laquais et les cochers : plusieurs de ces voitures étaient si magnifiques que, n'imaginant rien au-delà, je les pris pour celles de la cour ; mais j'appris que le cortège impérial était loin encore, et qu'il serait précédé de l'Etat-Major général.

Nous le vîmes bientôt paraître ; il se composait de plus de deux mille cavaliers, tous officiers représentant à peu près toutes les armées et toutes les puissances de l'Europe et de l'Asie. Après l'état-major venaient encore des voitures, et si dorées que, dans chacune d'elles, je croyais toujours voir l'Empereur. Enfin le frémissement de la foule nous annonça qu'il approchait. Son carrosse était précédé de cent laquais en livrée verte plaquée d'or.

Après l'Empereur venaient ses fils et tous les princes des familles régnantes. Puis un groupe d'officiers à cheval, précédait l'Impératrice mère, dont la voiture était tout aussi riche que celle de l'Empereur et attelée de huit chevaux. L'Impératrice régnante également dans une voiture à huit chevaux, suivait la mère du czar. Les dernières voitures portaient les

suites des deux Impératrices : toutes ces dames étaient
en costume de cour.

Immédiatement venait l'escadron des Chevaliers-
Gardes, la plus magnifique troupe que je connaisse.
Il était suivi d'un régiment de cuirassiers de la garde
en uniforme blanc, puis des hussards en rouge, vert,
noir, aux costumes éclatants.

Ce qu'il y a d'admirable dans toute cette cavalerie,
c'est le choix des chevaux, car chaque corps a les siens
d'une même robe et l'on peut dire que la cavalerie
russe est la mieux montée de toute l'Europe.

Le passage du cortège avait duré trois heures, et
plus de cent mille hommes et quarante mille chevaux
avaient, depuis le matin, défilé devant moi.

Je n'entreprendrai pas la description de l'illumination. Aucune ville ne prête plus que Moscou à ces
spectacles de feu : ces coupoles, ces dômes, ces flèches,
ces clochers, ce Kremlin, monument unique, tous ces
palais enfin, couverts de millions de lampions, présentent un ensemble qui l'emporte même sur les féériques
décors de Rome et de Paris.

Quand à la fête populaire qui se tient au Khodinskoë,
immense terrain de manœuvres suité en dehors de
Moscou en face du palais Pétrowski, elle offre un
attrait de curiosité qu'on ne peut trouver nulle part.

Deux ou trois cent mille hommes venus de tous les
points de l'empire : paysans, soldats aux costumes
multicolores, petits bourgeois et juifs sont assis sur
la terre et attendent la pâtée officielle que distribue-
ront bientôt les agents du gouvernement.

Le recueillement est solennel et grandiose. Cette
masse humaine n'a qu'un objectif ; les estrades ou
sont empilées les victuailles, pains, saucissons, bière,
et hydromel, d'immenses tonneaux ont été amenés
pendant la nuit, il y en a plus de dix mille. Une bar-
rière établie dans toute la longueur du champ de
manœuvres, sépare ces estrades de la foule qui tout à

l'heure va se ruer dans l'immense couloir gardé par des forces imposantes.

L'heure vient de sonner ; un escadron de cosaques débouche au galop précédant les voitures où 1.200 agents ont pris place. Les estrades se garnissent aussitôt et la distribution va commencer, on n'attend plus que le chef de la police. Il apparaît enfin et se plaçant à cheval a l'entrée du couloir, il lève son fouet. C'est le signal.

Alors, comme un immense serpent qui se déroule, la masse énorme des affamés pénètre dans l'enceinte, pendant que derrière elle les marchands de thé et de wodki, viennent installer leurs petites tables, dans l'espoir de profiter de l'exaltation de ce peuple qui, substantiellement nourri ne s'en livrera pas moins tout à l'heure a son penchant habituel : l'ivrognerie.

Jusqu'à la nuit la fête bat son plein sans trop de désordre, mais lorsque les troupes ont quitté le champ de manœuvres, une sorte de *déririum trémens* s'empare de cette foule avinée qui ne connaît plus de bornes et qui se livre à tous les excès jusqu'au matin, où la cavalerie vient la balayer à coups de fouet, le champ de manœuvres devant être entièrement déblayé pour la grande revue que va passer le czar et son brillant état-major de princes, de généraux et d'ambassadeurs.

J'aurais pu m'étendre longuement sur les fêtes du couronnement des tzars dans la Capitale officielle de la Russie, mais ces descriptions, si pompeuses et si inusitées qu'elles soient, sortent du cadre anecdotique et personnel que je veux donner à ces impressions de voyage ; et j'y rentre avec un évènement qui aurait pu avoir pour nous de graves conséquences et qui vint un moment jeter la consternation dans la famille.

Un jour, notre chef direct, M. M***, étant aller conférer à Mitau, avec les ingénieurs de la Compagnie, fut obligé de passer la nuit en cette ville. Le lendemain matin, de retour à la maison, il s'aperçut en changeant de costume, de la disparition d une ceinture qu'il portait toujours sur lui, et qui contenait une somme considérable destinée au paiement des employés et des hommes de son équipe, en même temps que sa fortune personnelle. Se souvenant l'avoir placé sous son oreiller la veille au soir, à l'Hôtel de St-Pétersbourg, il me donna l'ordre de monter à cheval et de courir à la ville faire une déclaration au chef de la police.

Je partis à toutes brides ! Mais au lieu de me rendre chez ce magistrat, ma première pensée fut d'abord d'entrer à l'hôtel, inviter le propriétaire à monter avec moi dans la chambre occupée la nuit précédente par notre chef. A peine entré, je courus au lit, soulevai l'oreiller qui portait encore la marque... d'une tête et j'eus le bonheur de constater que la bienheureuse ceinture y reposait douillettement et surtout absolument intacte, à la grande satisfaction du maître d'hôtel et du domestique, qui aussitôt appelé reçut un large pourboire.

Ma mission terminée, je revenais au petit trot, pour menager ma monture, surmenée par cette course quelque peu vertigineuse, quand à l'entrée de la rue du village, où nous étions depuis quelques jours j'apperçus, venant à ma rencontre, mon aimable parent qui, rouge de colère, m'invectiva presque grossièrement, en me disant que j'aurais du crever mon cheval, mais revenir plus vite et qu'il m'attendait depuis longtemps.

— Si l'animal était mort entre mes jambes, lui répondis-je du même ton, ta ceinture serait encore arrivée moins vite et il eut bien fallu attendre ! N'admettant aucune réplique, il me tourna le dos et ne m'adressa pas la parole pendant plusieurs jours ; ce fut ma seule récompense.

Nous étions, il faut le dire, habitués à son caractère despotique, et s'il avait, personnellement, dirigé nos opérations, les agents sous ses ordres eussent été véritablement à plaindre, mais il savait qu'il pouvait avoir confiance en nous tous et il se confinait dans son rôle de grand seigneur. Aussi, quand par hasard, il faisait acte d'apparition, sa colère reprenait le dessus, ne connaissait pas de bornes et nos pauvres moujiks éprouvaient pour sa personne autant de terreur qu'ils avaient de respect et de condescendance pour nous.

Cependant il arrivait parfois que nous aussi, nous étions obligés de sévir ; c'est qu'alors la répression était motivée par des raisons d'une gravité telle, que l'indulgence eut gravement compromis l'autorité que nous devions avoir sur nos hommes.

C'est ainsi qu'un certain soir, en faisant l'appel de mon équipe, je constatai l'absence de l'un de ces esclaves dont nous étions moralement responsables. En même temps, j'aperçus dans un coin, pleurant à chaudes larmes, un enfant de quinze ans environ dont les fonctions consistaient à porter mes provisions, ma touloupe et à garder mon cheval de temps en temps. En vain je lui demandai la cause de son chagrin ; il ne voulait pas répondre ce qui surexcita d'autant plus ma curiosité, car je devinai qu'il se passait là quelque chose d'anormal. Enfin pressé de questions, il finit par avouer à l'interprète que le soldat dont j'avais constaté l'absence, lui avait, en rentrant, volé les quelques roubles énonomisés qu'il destinait à ses parents, et qu'après l'avoir outrageusement frappé, le voleur était allé boire dans un tracktir voisin.

Je pris immédiatement avec moi deux hommes sûrs et m'étant rendu au lieu indiqué je vis en entrant mon drôle attablé le verre en main. Sans explication préliminaire, je commençai par renverser son breuvage sur la table, et le saisissant à la gorge je donnai l'ordre de le fouiller, malgré ses protestations ; l'on trouve dans ses poches une dizaine de roubles et quelques copecks dérobés, non seulement à l'enfant mais encore à d'autres esclaves.

Je me préparais à le remettre entre les mains de la justice, mais au même instant je réfléchis aux conséquences qui allaient résulter de cette arrestation. C'était le Knout, sans autre forme de procès !! Je n'eus pas la force de livrer ce malheureux à l'effroyable supplice et je me contentai de lui administrer une maîtresse correction. L'argent était retrouvé, l'enfant heureux, je ne crus pas devoir pousser plus loin la punition et le silence le plus complet se fit sur cette affaire dont les suites eussent été probablement pour moi l'objet d'un remords continuel. A partir de ce jour-là, je n'eus pas de plus dévoué serviteur.

La saison s'avance ! Nous allons sans peu prendre nos quartiers d'hiver. Les soirées deviennent de plus en plus fraîches et les touloupes nous sont de grande utilité pour rentrer au logis. Plus de campements à la belle étoile ! Plus de nuit passées dans ces auberges où manque le confortable le plus élémentaire ! Une maison a été louée déjà dans la capitale de la Courlande, et nous en occupons tout le rez-de-chaussée, avec chambres, bureaux, cour, écurie, remise pour les voitures, le propriétaire s'étant réservé le premier étage.

Chaque matin, nous traversons la ville pour nous rendre à quelques verstes seulement. Dans la journée, de nombreux habitants y viennent en promenade, des officiers nous font visite et notre satisfaction s'augmente en constatant l'intérêt qui semble s'attacher à nos travaux. Aussi, oublions-nous parfois, profils en long ou profils en travers, pour répondre aux questions qui nous sont posées: Les équipages vont et viennent sur la ligne et les charmantes Courlandaises sollicitent la faveur de braquer les verres de nos puissantes lunettes sur la ville et les campagnes environnantes.

Ce spectacle est d'autant plus attrayant pour nous que depuis de longs mois, nous n'avons guère aperçu que les figures des paysans, les hures de quelques sangliers où les fins museaux des chevreuils, habitants tranquilles des forêts que nous traversions.

Quand aux loups, ces terribles loups qui dévorent les moujiks, et même *des noces entières*, perdues dans les neiges, j'avoue humblement, — au risque de déplaire à mes aimables lecteurs — n'en avoir jamais vu que deux pendant mon séjour en Russie.

Le premier, traversa la route devant le nez de mon cheval, qui fit un écart, diparut dans l'intérieur de la forêt avant que j'ai pu le saluer au passage d'un coup de revolver ; le second, nous suivit pendant quatre ou cinq cent mètres, jouant avec le chien de M. M***, en essayant de l'entraîner vers la lisière d'un bois assez épais. Le confiant épagneul allait sans aucun doute se laisser aller à la tentation, quand un coup de feu retentit derrière nous, et le loup, frappé en pleine tête roulait comme un manchon.

Ce beau coup de fusil était l'œuvre d'un de nos Polonais, aussi hardi tireur que géomètre habile. En tuant l'animal il venait de sauver la vie du chien, lequel eut eté infailliblement étranglé :

> « Le loup l'emporte, et puis le mange,
> « Sans autre forme de procès »

Mais si je n'ai pas eu la gloire d'assister à une de ces chasses émouvantes, je puis du moins reproduire en quelques mots le récit suivant que dans le salon hospitalier du Colonel Péters, le comte Alexis Ostroff, nous faisait un soir, d'un de ses propres exploits contre des loups affamés qui étaient venus jusque dans son village dévorer un de ses moujiks, lequel pris de boisson, s'était attardé dans sa route :

« Mon voisin Lubowski et moi, nous avions pris place dans un traîneau de paysan attelé à deux robustes chevaux. Le froid était rigoureux et la neige tombait à gros flocons. Chaussés de grandes bottes de feutre, nous étions couverts de pelisses sibériennes avec poil en dessus et en dessous, formées de peaux cousues cuir contre cuir, un bonnet de fourrure, retombait sur le vêtement ne laissant voir que le milieu du visage.

Notre armement consistait en quatre revolvers, deux poignards et six carabines. j'avais en outre donné au cocher un revolver et un coutelas.

Aussitôt en chasse, et face au derrière du traîneau, je sortis d'un panier un cochon de lait, lui attachai une longue corde au cou et je jetai la pauvre bête sur la route. La voiture parti à fond de train et nous voilà lancés à travers champs. Le petit cochon ensanglantait la neige en poussant des hurlements de douleur.

Tout à coup. de grandes taches noires apparurent sur la neige se rapprochant de nous, c'étaient les loups ! une légion !

Les chevaux prirent un galop fantastique : malgré cela, les loups se rapprochaient. Bientôt l'avant-garde fut à deux mètres à peine du traîneau. Je fis feu, l'un d'eux roula sur la neige. Lubowski fit feu à son tour · il manqua son ennemi, qui d'un bond sauta à un mètre de nous ; prenant son revolver, il le tua presque à bout portant.

D'autres arrivaient la gueule béante, les yeux flamboyants. Nous tirions à la hâte, tantôt une carabine, tantôt un revolver. Un grand diable, haut d'un mètre, blessé légérement bondit sur moi et je n'eus que le temps de lui plonger mon poignard dans le flanc.

Pendant une demi-heure, ce fut une lutte acharnée; fiévreusement, nous déchargions nos armes, et fascinés par les yeux ardents de ces bêtes nous tirions machinalement et la sueur perlait sur nos visages, malgré un froid de vingt-sept degrés.

Cela dura trois quarts d'heure environ, puis nous ne vîmes plus rien. Retournant alors en arrière, nous achevâmes les blessés et nous ramassâmes les morts. Le cocher les entassa pêle-mêle, sanglants et puants dans le traîneau ; c'était horrible ! Nous étions éclaboussés du sang de ces bêtes, mais nous en rapportions dix-sept.

En traversant le village, nous fûmes entourés par les paysans. En voyant ces nombreux cadavres de leurs ennemis mortels, ils poussèrent des cris de joie et nous baisèrent les mains pour nous remercier. Une belle jeune fille vint nous offrir du thé bien chaud et bien parfumé, j'en bus deux tasses avec avidité ; le froid commençait à me saisir, et alors que le danger était passé, je me sentis pris de frisson et après avoir fait reconduire mon courageux compagnon, je rentrai dans mes appartements avec une légère fièvre, tout prêt cependant à recommencer une aussi belle chasse. »

Cet émouvant récit du comte Ostroff fut chaleureusement acclamé par l'assistance, mais personne ne sembla manifester le désir de l'accompagner jamais dans une de ses aventures cynégétiques.

Et pourtant, nous aussi, sans bottes de feutre, sans traîneau et sans cochon de lait, à la clef, par une chaude après-midi nous avons eu affaire à des ennemis aussi dangereux, peut-être, que les loups et les ours. Je veux parler d'une agglomération de vipères au milieu desquelles nos pauvres esclaves sont tombés à quelques verste de Bausk et où deux d'entre eux eussent infailliblement trouvé la mort, sans notre précaution de porter continuellement sur nous de l'alcali.

Nous étions depuis deux heures au travail, quand un des hommes, constata tout-à-coup que nos pieux de cinquante centimètres environ pénétraient dans le sol avec une facilité surprenante, alors qu'il fallait habituellement les enfoncer à coups de maillet ; aussitôt informé du fait, je me rendis au lieu indiqué et où je dus constater que nous entrions dans une de ces tourbières qui sont assez fréquentes en Russie : la terre était brûlante et les pieds s'y enfonçaient à vue d'œil. Je devais tourner cet obstacle, car il était impossible d'y pénétrer au risque d'y disparaître à tout jamais enseveli.

Après avoir envoyé un exprès aux chaîneurs qui allaient me succéder dans la même journée, je fis un long détour à l'effet de reprendre plus loin le travail sur un terrain sûr et au bout de deux kilomètres à peu près, j'arrivai dans une sorte d'oasis.

A droite, une rivière, au courant clair et limpide, semblait nous attirer par le poétique murmure de ses eaux : devant nous la forêt et ses pins odorants ; à notre gauche, des bouquets d'arbustes d'où les oiseaux s'échappèrent à notre approche et dans le fond quelques maisons montraient leurs toits de couleur.

Il était onze heures ; j'ordonnai la halte, au risque de crier famine plus tard, car nous ne rentrions jamais avant neuf heures du soir, j'éprouvais une telle joie à demeurer en cet endroit charmant que poussé par la tentation, je mettais bientôt habits bas, engageant ma petite escouade à imiter mon exemple. Quelques minutes après, nous étions tous à l'eau, barbotant comme des canards, à la grande satisfaction de mes compagnons de labeur qui ne s'étaient jamais vus à pareille fête.

Une demie-heure après ce bain inattendu, je dévorai mes deux œufs et mon poulet avec un appétit de cannibale, et j'eus la joie de trouver comme dessert, deux immenses jattes pleines de lait, apportées d'une des maisons voisines par mon petit domestique et son vieux père, tous les deux heureux et fiers de m'avoir été agréables. Après avoir savouré ce nectar inusité, je passai les jattes a tout mon monde, non sans avoir réservé une large part à mon bon cheval qui s'en pourlécha les babines en hennissant de satisfaction.

Il fallut enfin quitter cet Eden et reprendre le travail interrompu, mais hélas ! au plaisir allait succéder la douleur et nous n'avions pas parcourus une verste dans les bois que mes pauvres moujiks accouraient vers moi portant deux de leurs camarades qui poussaient des cris de terreur, et dans leur langage semblaient implorer mon secours.

Je compris bientôt, à leurs signes expressifs que ces pauvres diables, toujours chaussés de mauvaises sandales retenues aux genoux par des courroies avaient, sur la ligne même, pénétré dans un massif rempli de vipères ou d'aspics et qu'ils avaient été l'un et l'autre mordus à la jambe.

Aussitôt, je résolus de pratiquer sur la plaie qui bleuissait, une incision avec mon canif, seul instrument dont je fus porteur. Cette incision faite, j'allais procéder, malgré mon dégoût, à la succion nécessaire, — je ne pouvais pas laisser périr ces malheureux, sans au moins leur porter secours — quand cette opération fut faite par un des hommes, ancien défenseur de Sèbastopol, ce dont il se faisait constamment une gloire.

Enfin, après avoir versé de l'alcali dans les plaies béantes, je fis partir immédiatement les deux blessés pour Bausk avec ordre de les conduire au docteur Syrski que je savais devoir être à la maison.

Le lendemain, nous arrivions bien armés vers midi au massif ou devaient certainement sommeiller les vipères. Nous aperçûmes, en effet, dans une petite éclaircie plusieurs boules noires collées au sol comme des mottes de terre. C'était l'ennemi !

Au premier coup de feu tiré dans le tas, les hideux reptiles, subitement réveillés, se dressèrent en sifflant, et debout semblèrent se préparer à marcher à notre rencontre. Mais une fusillade nourrie eut bientôt mis fin au combat et nous comptâmes vingt et une lanières gluantes étendues à nos pieds. Celles qui paraissaient respirer encore furent achevées à coups de bâton.

La route était désormais libre et nous n'en revîmes jamais. Quand aux deux blessés, ils purent reprendre leur travail après quelques jours de repos.

I V

A MITAU

Depuis quelques jours la température s'est singulièrement refroidie ; la gelée blanche a fait son apparition et le vent du Nord-Est balaye les dernières feuilles des arbres. On sent l'hiver s'approcher.

Encore une semaine et aux opérations sur le terrain succèderont les calculs comparatifs des cotes de nivellement, les devis des travaux d'art à exécuter, la confection des cahiers de charges et du plan définitif de la ligne étudiée, avec l'indication des pentes et des rampes de l'emplacement des stations, des passages à niveau et des ponts ; nos habiles dessinateurs n'ont plus maintenant qu'à mener à bonne fin l'œuvre commencée.

Tout est déjà prêt pour l'hivernage ; le bois est entassé sous les hangars, les fenêtres doublées ont reçu leur couche de sable fin, dans lequel ont été piqués de vastes cornets remplis de sel pour absorber la buée en évitant ces fleurs de vif-argent qui étament chez nous les carreaux.

Les marchands juifs sont venus nous offrir les fourrures de martre, de putois ou de petit-gris, destinées à doubler les vêtements que d'habiles tailleurs nous confectionneront. Déjà, nous avons fait ample provision de bonnets d'Astrakan et de bottes fourrées montant jusqu'aux genoux. Mais toutes ces acquisitions ne se sont pas faites sans de longues et pénibles discussions et bon nombre d'Hébreux, aux prétentions honteusesement exhorbitantes, furent chassés à coups de cravache et leurs marchandises jetées pêle-mêle au milieu de la cour, amenaient parfois des scènes de pugilat fort curieuses à contempler.

Ces juifs allemands, tache d'huile odieuse s'étendant sur la Pologne et la Courlande, livrés dans la boue à toutes sortes de commerces suspects et d'industries

sordides, donnant pour quelques roubles leurs femmes
et leurs filles, quelquefois véritables fleurs épanouies,
on ne sait comment, sur ce fumier, n'ont rien du beau
juif d'Orient, héritier des patriarches.

Vêtus de longues lévites, étroites de poitrine, longues comme des soutanes, miroitées de graisse et d'une
couleur que l'on peut appeler du nom de « Crasse intense »; coiffés de chapeaux bizarres à larges bords et
à ballons énormes, déteints, déformés, indignes même
du crochet d'un chiffonnier en faillite ; chaussés de
bottes avachies, éculées, blanchies par des croûtes de
crotte à demi-séchée, ces êtres sur qui la vermine a
fait à perpétuité élection de domicile, avec leurs faces
maigres, leurs yeux inquiets et fins, leurs barbes four-
chues comme des queues de poisson, leur couleur rance, et leur ton de hareng saur verni à la fumée, rappellent les peintures et les eaux-fortes de Rembrandt.

Vous les rencontrez partout sur votre chemin prêts à
toutes les besognes, même les plus infâmes, la main
toujours tendue pour recevoir, et si vous les chassez
par la porte ils trouvent le moyen de rentrer par la
fenêtre. Ces mercantis, nous les avons revus en France il y a vingt-six ans, sur les derrières de l'armée
Prussienne, achetant à vil prix les objets volés dans
nos maisons par les envahisseurs, après leur avoir
servi d'espions précédemment.

Un matin, nous aperçûmes à travers les doubles
vitres, les toits d'une blancheur éclatante et sur le sol,
s'étalait comme une doublure d'ouate, une épaisse
couche de neige vierge, tombée pendant la nuit.

La ville s'éveillait. Des moujiks, allant aux provisions, enfonçaient leurs grosses bottes dans cette neige
non encore battue ; quelques femmes enveloppées de
leurs manteaux, un mouchoir sur la tête serré au menton, traversaient la rue d'un pas plus léger, des officiers en longue pélisse, le collet relevé, se rendaient à
la caserne et le premier traîneau nous apparut, conduit

par un isvochtchik coiffé d'un bonnet de velours rouge,
vêtu d'un cafetan bleu doublé en peau de mouton et les
genoux couverts d'une vieille peau d'ours. Un second
traîneau suivait, vide comme le premier et tous deux
semblaient attendre pratique.

A cette vue, les plus ardents, nous leur fîmes signe,
endossâmes nos touloupes, et les deux véhicules s'étant
rangés près du trottoir, nous nous trouvons subitement
installés dans la caisse remplie de foin, de cet équipage
entièrement nouveau pour nous, et dont l'installation
est très simple. Figurez-vous deux longs patins en fer
poli dont le bout antérieur se recourbe en pointe. Sur
ces deux barres sont fixés le siège du cocher et la boîte
où se place le voyageur. Une sorte de tablier, qui s'ar-
rondit comme le poitrail d'un cygne, donne une certaine
grâce au traîneau et protège le cocher contre la neige
que fait voler devant lui le frêle et fragile équipage,
Comme dans le Droschki les brancards s'adaptent au
collier et opèrent leur traction sur les patins. Tout cela
ne pèse rien et va comme le vent, surtout quand la
gelée a durci la neige et que la piste est faite.

Comme des écervelés, nous étions fiers d'être montés
les premiers dans un traîneau et maintenant nous ne
savions où nous faire conduire.

Cherchant dans ma mémoire un mot qui put être
compris de l'isvochtchik, et je lui criai : *Conditorréi*,
sachant que là je trouverais quelqu'officier qui pourrait
nous renseigner.

Dobré Batchouka, — bien, petit-père — me répondit-il,
et nous partîmes comme le vent. Mais hélas ! nous
n'étions pas arrivés à la place d'armes, qu'il nous fallut
constater que nous venions de commettre une imprudence. Le froid commençait à nous saisir et nous rentrâmes au logis, sans nous vanter de cette escapade
maladroite, dont nos cochers bénéficièrent seuls.

En peu de jours, le thermomètre descendit à 12 dégrés au-dessous de zéros et la neige tombant en abon-

dance, les droskis avaient complétement disparu. Les Ropouskis, les télégas glissaient sur des patins ; les moujiks, cordes en main, tiraient leurs karsines sur de minuscules traîneaux, et les petits chapeaux à forme évasée s'étaient éclipsés pour faire place aux bonnets de velours.

Les bourgeois, les officiers, les marchands avaient endossé leurs longues pelisses de fourrure dont les collets relevés cachaient entièrement les têtes. La neige, consolidée par la gelée, avait atteint une épaisseur de quatre-vingts centimères et les dvorniks, armés de longues pelles en bois, construisaient déjà des escaliers descendant de la chaussée au seuil des maisons. Ce n'était cependant pas encore l'hiver, le véritable hiver, l'hiver russe, l'hiver arctique, car nous eûmes plus tard jusqu'à 27 et 30 dégrés.

Suivant l'exemple des habitants nous avions endossé nos nouveaux costumes, qu'au risque de souffrir un peu plus de froid, nous avions fait confectionner plus coquettement que les guérites emmitouflées dont on faisait usage. Nos pardessus, chaudement doublés de martre ne dépassaient guère le genou et pouvaient être utilisées à cheval comme en traîneau ; avec nos longues bottes et nos bonnets a revers de petit gris, nous espérions affonter la température la plus intense.

Une seule partie du corps, le visage, était-exposée aux intempéries, et il eut été impossible qu'il en fut autrement à moins de porter un masque ouaté et percé aux yeux. Aussi, notre première sortie fut-elle marquée par un incident drôlatique.

Nous n'avions pas fait deux cent mètres dans la rue, qu'un jeune lieutenant d'infanterie, s'étant approché de nous, nous fit remarquer que notre nez commençait à blanchir, ce dont nous ne nous doutions même pas, et prenant à terre une poignée de neige, il nous invita à frotter vigoureusement l'appendice en question, ce qui lui rendit instantanément son rouge naturel. Cet exercice nous amusa beaucoup, et nous remerciâme chaleureusement notre obligeant examinateur.

Le moment était venu pour nous, d'une existence nouvelle absolument opposée à celle que nous menions depuis de longs mois. Le confortable succédait à la privation, les concerts et le théâtre allaient remplacer les chants des moujiks et déjà nous nous étions créé des relations avec quelques officiers que nous rencontrions chaque soir au *Conditorei*, confiseries luxeuses où, dans des salles particulières l'on dégustait les vins fins en mangeant des gâteaux.

Mais notre véritable cicérone fut assurément le Colonel du génie Peters, l'ingénieur russe chargé de la surveillance de nos importants travaux, qui joignait à une exquise urbanité, un tact merveilleux et une connaissance approfondie de la langue française, et si nous avons eu l'honneur d'être reçus dans quelques maisons aristocratiques, nous n'y avons jamais rencontré une sympathie comparable à celle de ce logis hospitalier dont Mme Peters faisait les honneurs avec tant de grâce et d'amabilité que nous l'avions surnommée : *la bonne fée des Français*.

Ma grande joie avait été d'être reçu membre d'un orchestre symphonique, où soixante exécutants interprétaient savamment les plus belles œuvres de notre musique contemporaine. Dans une de ces réunions, j'eus l'honneur de rencontrer pour la première fois le gouverneur de la contrée et cette rencontre fortuite nous ouvrit bientôt les portes du palais hospitalier. Pour faire une diversion avec cette musique sérieuse, j'avais fait venir de la maison Margueritat, à Paris, une certaine quantité de morceaux de danse. Or, ce jour-là, nous venions de terminer la soirée par une polka : *La Bataille de l'Alma*, qui faisait fureur en France. Après quelques variations pour petite flûte, que je venais d'exécuter de mon mieux, le général, s'approchant de moi et après de bienveillants éloges me fit part du plaisir qu'il aurait à nous recevoir, mes compatriotes et moi.

C'est alors, qu'aidé par quelques Français étrangers à l'administration, j'organisai dans le palais même des représentations théâtrales qui obtinrent de nombreux succès, dont tout le mérite revenait à mes collaborateurs et surtout à mes charmantes collaboratrices au nombre desquelles la jeune et intelligente institutrice des enfants du Gouverneur, que nous devions perdre hélas, quelques mois plus tard.

A peu près acclimatés, choyés partout, nous n'avions plus qu'à nous laisser aller à ces charmes et à en profiter le plus largement possible. Parfois même, nous nous trouvions quelque peu gênés par les sentiments de bienveillante fraternité des habitants et notre liberté de jeunes gens en était relativement compromise. Les cochers se disputaient pour nous offrir leurs véhicules et souvent il en résultait des rixes nécessitant l'intervention brutale de la police ; nous ne pouvions pas entrer dans un hôtel sans être aussitôt l'objet d'une attention obséquieuse, et lorsqu'une promenade commune était décidée d'accord avec quelques officiers nous trouvions à notre sortie une foule compacte criant : *Frantzouze ! Frantzouze ! Da strastvouiette Frantzia !* — Vive la France !

Si nous visitions une caserne, les soldats, pour un peu, se seraient mis sous les armes ; nous arrivait-il d'entrer dans une librairie, dans un bureau de tabac, nous étions sûrs d'apercevoir des nez collés aux vitres, et cela est tellement vrai que nous étant rendus sur la route de Riga, à une fête de nuit donnée, dans un Tracktir à la mode, par une troupe Géorgienne, le commandant de place avait envoyé une escouade de soldats pour maintenir la foule qui nous attendait depuis une heure !

J'ai décrit plus haut les moyens employés par les hommes pour se prémunir contre la saison vigoureuse que nous subissons, et dont le caractère et la poésie sont aussi riches en effets que les étés les plus splendides. Car c'est une erreur accréditée qu'on souffre du froid en Russie, tandis qu'en réalité on n'y souffre que de la chaleur intense et souvent malsaine qu'on trouve dans toutes les maisons, aussi bien dans le palais que dans la cabane du pauvre. Dans les rues, l'air est sec, mais comme on a le bon esprit de se vêtir en conséquence, on supporte ce climat glacial sans prendre ni rhume ni bronchite.

Les femmes mettent aux pieds de grosses bottes de fourrure par-dessus leurs élégantes bottines. Elles ont une grande pelisse qui les enveloppe entièrement, portent un gracieux et chaud bonnet de fourrure, et pour bien préserver le cou, les oreilles et une partie du visage des âcres caresses de la bise, elles s'enveloppent la tête dans un immense châle de laine, d'un tissu si fin et d'une laine si souple, qu'un châle ayant deux mètres carrés passe dans une bague ; ceux-là, il est vrai, coûtent quatre à cinq mille francs, mais avec cent cinquante à deux cent francs, on en trouve qui sans être une merveille de finesse, sont très jolis et très chauds.

Ainsi vêtue, une femme peut affronter un froid de vingt cinq dégrés. Les plus délicates ne craignent pas de se promener en traîneau et de respirer pendant de longues heures cet air glacé, mais sain et tonique, qui rafraîchit les poumons oppressés par la température de serre chaude des maisons. On ne discerne que des figures souriantes rosées pas le froid ; le reste n'est qu'un entassement de pelisses, de manchons, où l'on a peine à démêler une forme. Sur les genoux, s'étend une grande peau d'ours blanc, ou noir dentelée de rouge.

Si elles vont en visite, les domestiques de la maison les débarassent de leurs bottes et de leurs fourrures, et elles entrent dans les salons en taille et en cheveux, avec des chaussures intactes. Chez elles, sous une température douce et uniforme de 16 à 19 dégrés, elles

restent en peignoir de mouseline, tandis qu'elles voient
par les fenêtres la neige tomber, tomber toujours et
recouvrir les toits et les rues d'un blanc manteau, elles
se frottent les mains et disent : quelle charmante saison que l'hiver !

Nous autres en France, nous sommes, il faut bien le
dire, les gens les moins pratiques du globe, et pas in-
dustrieux. Ainsi, nous avons des hivers très froids et
nous gelons dans nos maisons, tout en dépensant
beaucoup pour le chauffage. Mais la sainte routine est
là qu'il faut conserver et s'enrhumer chez soi, entre
une cheminée qui vous brûle la figure et une porte ou
une fenêtre qui vous glace le dos.

C'est que la mode est là, tyran anonyme et insaisis-
sable qui nous astreint à suivre son absurde loi, et
alors que nous avons 10 et 12 degrés de froid et quelquefois davantage, il nous faut porter des chapeaux
ne nous couvrant que la nuque, avoir de petites bottines aux pieds et prendre des bronchites et des
fluxions de poitrines. Les Russes disent qu'ils gèlent
chez nous, ils ont raison.

Nous sommes, nous Français, les victimes du froid,
nous le subissons bêtement. Les Russes le font, au
contraire, servir à augmenter le nombre de leurs
jouissances. Aussi, bien douillettement enveloppés de
fourrures, assis dans un gracieux traîneau, emportés
par de bons chevaux, ils éprouvent un plaisir ineffable
à avoir chaud tandis que le ciel et la terre grelottent.
C'est la belle saison pour les riches.

Malheureusement pour le pauvre, c'est autre chose !
S'il est dans la rue, il s'aperçoit que ses bottes déchi-
rées laissent ses pieds exposés à l'air glacial ; d'une
main bleuie, il ramène sa vieille pelisse tout en lam-
beaux sur sa poitrine : il a froid, très froid. Dans ce
pays où il n'y avait guère alors que deux classes,
riches et serfs, la misère, terrible à supporter et triste
à voir sous le climat rigoureux est d'une poignante

désespérance qui ne se calme momentanément que
par l'ivrognerie.

Je reviens à la femme russe qui possède à un su-
prême degré le don de captiver l'attention et d'attirer
les hommages. Elle a une originalité charmante, une
élégance native, et une grande distinction. Ses manières sont cordiales ; elle est naturellement grande
dame, et n'a pas cette raideur guindée de la bourgeoise
qui veut paraître femme du monde. Enfin elle possède
ce *je ne sais quoi* qui plaît.

Elle connaît à merveille l'art d'augmenter sa beauté
par une toilette seyante ; la nature lui a donné un
teint ravissant et des cheveux admirables comme
nuance et comme profusion. Nous avons vu en Russie
les plus belles chevelures du monde, les unes de ce
blond chaud, peint par l'école italienne ; les autres
d'un blond pâle, rappelant le vieil or.

Il est en Russie une classe de femmes très instruites,
savantes même, qui donnent une haute opinion de la
race Slave ; connaissant à fond les langues et les
littératures européennes, elles parlent grec et latin,
et ces femmes, loin de ressembler aux précieuses ridicules de Molière, restent des femmes, bien femmes et
charmantes.

Vers le milieu de novembre, de colossales affiches
multicolores étaient placardées sur les murs des places
et des rues de la ville et sur lesquelles s'étalaient en
vedette ces lignes :

TIATRE DY MITAW
OTHELLO
IRA ALDRIGGE

Nous apprîmes que c'était l'annonce d'une représentation de la grande tragédie de Schakespeare, donnée
par le célèbre acteur nègre américain, Ira Aldrigge,
qui venait d'être pendant un mois le lion de Saint-
Pétersbourg, et qui se rendant à Moscou avait voulu
se faire applaudir à Riga, à Mitau et à Varsovie.

Nous fîmes retenir deux loges pour cette solennité, véritable première sensationnelle, et ce soir-là la place du théâtre était tellement encombrée de traîneaux que les gendarmes avaient grand' peine à les faire circuler.

Pour la circonstance nous avions revêtu nos insignes officiels, c'est-à-dire la casquette plate des conducteurs des Ponts-et-Chaussées, aux galons de laquelle nous avions fait ajouter la petite cocarde russe en argent. Par ce seul fait assez curieux de l'originalité autocratique, nous devenions des officiers civils — des fonctionnaires — et comme tels, certaines faveurs nous étaient réservées : gratuité sur les ponts à péage, privilège des places et des entrées dans les établissements de l'Etat, et salut obligatoire en public des soldats de toutes armes, le galon étant considéré comme un signe d'autorité, et il est très probable qu'en vertu de cette loi conventionnelle, les postes auraient pris les armes sur le passage d'un de nos receveurs de la banque de France ou d'un chasseur d'un café de Paris.

Revenons à la représentation d'*Othello*. L'origine d'Ira Aldrigge le dispensait de toute teinture et il n'avait pas besoin de mettre ses bras dans un tricot chocolat. Aussi, son entrée en scène fut-elle magnifique : c'était l'Othello de Schakespeare, avec ses yeux à demi fermés, son attitude orientale et cette désinvolture de nègre que l'Européen ne peut imiter.

Comme il n'y avait pas de troupe anglaise à Mitau, mais seulement une troupe allemande, Aldrigge récitait le texte de l'auteur pendant qu'Iago, Cassio, Desdémone lui répondaient par la traduction de Schlegel. Quand à nous, qui ne savions ni l'anglais ni l'allemand, nous ne pouvions nous attacher qu'aux jeux de physionomie, à la pantomime et aux côtés plastiques des rôles. Or, j'ai trouvé, pour ma part, que le tragédien nègre, avait un jeu trop réglé, trop classique et contraire à la façon fougueuse, barbare et sauvage que j'attendais de lui. J'aurais voulu un Othello plus fauve et plus féroce, ce qui n'empêcha pas qu'il produisit un effet immense et souleva d'interminables applaudissements.

Le lendemain avait lieu une seconde audition de l'américain dans le *Roi Léar*, et nous nous préparions à nous y rendre, lorsqu'au moment de monter en traîneau, la lueur intense d'un incendie vint subitement éclairer l'horizon et plusieurs officiers s'arrêtèrent devant notre porte ; parmi eux se trouvait le colonel Péters, qui nous priait de l'accompagner afin de prouver à la population que les Français — hôtes de la ville — étaient toujours prêts au premier signal d'un danger à courir. En un clin d'œil, les chevaux étaient sellés et nous partions à travers champs dans la direction du sinistre.

A notre arrivée le feu avait déjà fait la moitié de son œuvre. Six maisons étaient la proie des flammes, malgré le courage et la hardiesse des dragons qui nous avaient précédés et des malheureux paysans, qui dans l'impossibilité de trouver de l'eau, arrachaient de leurs propres mains, au fléau dévastateur les bois à moitié carbonisés et les rejettaient en dehors de ce foyer incandescent.

Trois corps de logis contigus restaient encore debout, mais le vent qui soufflait du nord, rejetait les étincelles sur deux autres maisons qui, pour cette raison, nous semblaient plus exposées que les autres et nous en fîmes la remarque au colonel en l'engageant à porter tous les efforts des travailleurs sur ces deux bâtiments. Nous allions donner l'exemple quand il nous arrêta : Occupons-nous des autres, dit-il, celles-là n'ont rien à craindre, malgré le vent, les cigognes les protègent, voyez ! Nous aperçûmes alors, sur chacune des cheminées un de ces énormes nids de terre et de branchages qu'habitent les cigognes en été et qu'elles quittent avant la saison des frimats pour y revenir au printemps. Hasard ou superstition, les deux logis ne furent pas atteints et nous préservâmes les autres du désastre.

Le lendemain un punch nous fut offert à l'hôtel de Varsovie pour célébrer ce sauvetage quelque peu exagéré par le bienveillant colonel.

Cette vénération des gens du nord pour la cigogne me rappelle un fait personnel qui eut pû m'occasionner de gros désagréments : je sortais d'un bois situé aux portes de Ponédeli, vers cinq heures du soir, quand devant moi, vint bruyamment s'abattre au milieu d'un champ une superbe cigogne presque noire au long col argenté. Ignorant la dévotion du peuple pour ce fétiche ailé, j'arrêtai ma petite colonne et glissant deux cartouches dans mon fusil je visai l'oiseau, le coup partit, mais un des hommes poussant un cri douloureux et sinistre, venait de détourner mon bras, et l'animal s'enfuit à tire-d'ailes comme bien l'on pense. Furieux d'avoir manqué une aussi belle pièce j'allais frapper le pauvre diable, quand, par leur joie et leur mimique expressive mes hommes me firent comprendre, combien j'aurais été coupable aux yeux de tous, en détruisant cet oiseau, vénéré des pauvres logis sur lesquels il consent à construire son nid protecteur.

A voir l'enthousiasme des Russes pour le traîneau nous pensions que le patinage était en honneur dans ce pays des glaces et des neiges ? Notre attente fut déçue, car en dehors des officiers, peu de personnes se livraient à cet exercice hygiénique, et c'est en vain que nous cherchions ces traîneaux à formes fantasques de cygne et de dragon ou de conque marine qui glissent sur les fleuves gelés de la Hollande et de la Norwège poussés par de hardis patineurs.

Aussi quelques-uns de nos jeunes collaborateurs — passés maîtres dans cet art qu'Alexandre Dumas a si admirablement décrit dans la comtesse de Charny et Roger de Bauvoir en son immortel Chevalier de St-Georges — étaient-ils devenus vite les lions du jour, et c'était plaisir de les voir filer sur la glace unie qui, déblayée de neige, apparaissait comme une longue bande de verre sombre, s'arrêter court, ou tracer de leurs pieds agiles des dessins fantastiques ou des noms connus.

J'avais voulu, moi aussi, suivre leur exemple et me livrer à ce sport intéressant, mais je dus y renoncer dès les premières leçons, pendant lesquelles ma tête se trouvait constamment en communication spontanée avec la glace, ce qui m'occasionnait des blessures d'autant plus sensibles, que ces chutes permanentes devaient jeter sur moi un ridicule que je ne tentai pas d'affronter plus longtemps.

A notre arrivée, nous avions été admis, sur la présentation de nos ingénieurs, au cercle de la bourgeoisie. Je m'étais fait également inscrire au cercle artistique, là où l'étiquette était moins sévère en raison de la vie de famille qui y règne, les cercles russes n'étant pas le privilège exclusif des hommes ; les femmes et les enfants y ont aussi leurs entrées. Grâce à eux les petits employés, les gens peu fortunés, peuvent à peu de frais, se payer des distractions qui en France, par exemple, restent le privilège des favoris de la fortune.

Les membres de ces cercles sont nombreux et avec une faible cotisation on arrive à former une forte somme, ces cercles admirablement agencés, ont des salles de concert, des salles de bal, un restaurant, un café et une bibliothèque.

Si une famille mal logée a une politesse à rendre, elle invite à son cercle, et avec une somme relativement modique elle offre un bon dîner et reçoit dans des salons luxueux ; pour quelques roubles toute la famille peut venir au concert, ou à une représentation théâtrale de temps en temps, il y a bal d'enfants, tombolas et les fils des artistes et des petits fonctionnaires s'amusent autant que les enfants des grands seigneurs.

Tous ces cercles donnent des soirées de gala, des

bals parés et des bals masqués ; les jeunes gens qui
se sont connus dès leur enfance ne se perdent pas de
vue, et ces cercles remplacent avantageusement nos
maisons de mariage. Ils sont en outre une ressource
précieuse pour les veufs, les célibataires, en un mot
pour tous ceux qui n'ont pàs un intérieur confortable,
Ils viennent y passer les dimanches et les soirées.

On y joue, car le Slave est un joueur effréné qui se
ruine avec une désinvolure et un sang froid remar-
quables, se faisant sauter la cervelle lorsqu'il a perdu
son dernier billet de banque. J'ai vu jouer au lansquenet des sommes considérables avec un acharnement
effroyable, surtout dans les cercles de la noblesse et
de la petite bourgeoisie.

N'étant ni joueur ni disposé à le devenir jamais je
me contentais de suivre toutes les péripéties de ces
batailles qui duraient parfois jusqu'au matin et lorsqu'un soir je dus servir de partenaire dans une partie
de lansquenet, je me promis bien de ne jamais remettre
les pieds dans les salons de jeu, j'avais perdu une
vingtaine de roubles et cela avait suffi pour me dégoû-
ter du tapis vert.

Après avoir décrit sommairement les avantages de
ces plaisirs en commun, je veux conduire mes lecteurs
dans un de ces intérieurs charmants dont le confortable réunit toutes les qualités de la civilisation française jointe à une hospitalité dont le caractère local se
trahit par une foule de détails curieux, et nous pénétre-
rons ensemble dans la demeure de cette famille adorable
que fut le logis du Colonel Peters.

Là les pièces sont plus vastes et plus hautes qu'à
Paris, et les meubles y sont pareils aux nôtres. Mais
ce qui est bien russe, c'est ce cabinet, d'un bois frêle et
précieux, découpé à jour comme des lames d'éventail,
qui occupe un angle du salon et que festonnant les
plantes grimpantes les plus rares, sorte de confes-
sionnal de la conversation intime, garni à l'intérieur

de divans, où la maîtresse de maison peut recevoir ses amis privilégiés. Au milieu des bergères et des fauteuils capitonnés, un gigantesque ours blancs enpaillé nous offre un siège véritablement polaire, rappelant à travers toutes les élégances de la vie moderne, les banquises de la mer du Nord, et la vraie Russie que l'on serait tenté d'oublier.

La chambre à coucher n'offre pas en général, le luxe et la recherche qu'on y apporte en France, Derrière un paravent, se cache un petit lit très bas, semblable à un lit de camp. Les Russes, qui sont d'origine orientale, ne tiennent pas, même dans les classes élevées, aux douceurs du coucher, et l'idée de faire de la chambre à coucher une sorte de sanctuaire ne leur vient pas ; les anciennes habitudes de la tente semblent les avoir suivis jusqu'au sein de la vie civilisée, dont ils connaissent pourtant toutes les élégances.

De riches tentures tapissent les murailles, et comme le colonel se pique d'être amateur, nous apercevons sur les murs des cadres d'une réelle importance. Cet intérieur n'est point celui d'un palais, mais d'une maison comme il faut.

Nous y avons maintes fois mangé, et toujours à la française ; cependant le goût national s'y remarque par quelques détails caractéristiques. C'est ainsi, qu'à côté du pain blanc on sert une tranche de pain de seigle bien noir, que les Russes grignottent avec une sensualité visible.

On y sert aussi des *ogourtzis*, sortes de concombres marinés qui ne nous paraissaient pas autrement délicieux. Au milieu du dîner, après le Bordeaux et le Champagne, on prend souvent du Porter, de l'Ale et surtout du Kwass, qui se boivent dans de magnifiques verres de Bohême. Malgré nos hésitations des premiers temps nous avions fini par prendre goût aux ogoutzis, au Kwasse et au Chtchi, le potage national russe.

Ce Chtchi n'est autre chose que le pot-au-feu, dans

lequel il entre du mouton, du fenouil, des carottes, du choux, de l'orge et des pruneaux, et qui se sert avec des boulettes de pâtisserie.

Dans un grand dîner servi chez le gouverneur, je me souviens aussi d'avoir mangé du Sterlet, un poisson qui vient du Volga, et qui est considéré comme un phénomène gastronomique qui ne se trouve qu'en Russie.

La gelinotte, dont la chair parfumée par les baies de genièvre dont elle se nourrit, apparaît fréquemment sur les tables russes, a côté de l'énorme coq de Bruyère, du jambon d'ours et du filet d'élan qui remplace avec avantage le roast-beef.

A table, la conversation, faite en français, ne languit jamais et nous étions tout surpris de trouver les Russes au courant des moindres détails de notre littérature ; c'est qu'ils lisent beaucoup, et tel auteur peu connu en France, l'est davantage en Russie, et nous avons appris là-bas sur les choses de Paris mainte aventure piquante que nous ignorions. Quand aux toilettes féminines, elles sont toujours de la dernière élégance. Les diamants étincellent sur de belles épaules savamment décolletées, et aux poignets des bracelets d'or à chaîne brisée de Circassis ou du Caucase, témoignent seuls, par leur travail oriental, qu'on est en Russie.

Le repas terminé, l'on se disperse dans les salons, où femmes et hommes fument des cigarettes ambrées, en parcourant les albums et les livres de beauté, pendant qu'assise au piano, la jeune fille chante en s'accompagnant, quelque air national russe ou quelque chanson tzigane, où la mélancolie du Nord se mêle à l'ardeur méridionale.

C'est ainsi qu'au milieu de toutes ces distractions, qui nous faisaient oublier les fatigues de l'été comme aussi nos travaux quotidiens, nous atteignîmes la fin du mois de décembre, époque des fêtes de

Noël et du Carnaval et le premier jour de la nouvelle
année que nous allions bientôt célébrer par un grand
repas offert par nous à nos seuls amis du sexe mascu-
lin.

A l'occasion du jour de Noël, nous avions reçu du
Général-Gouverneur l'invitation d'assister à la fête
donnée dans ce palais superbe qui fut, au commencement du siècle, la résidence d'un roi de France et cette
fête promettait d'être brillante.

Les traîneaux viennent de nous déposer au pied de
l'escalier d'honneur. Les fleurs nous reçoivent à la
porte du vestibule et montent avec nous l'escalier ;
des lierres festonnent la rampe, des jardinières sur
les paliers font face aux banquettes. Dans l'embrasure
des doubles fenêtres s'étalent des bananiers avec leurs
larges feuilles de soie ; des tallipots, des magnolias,
des camélias vont mêler leurs fleurs aux volutes dorées
des corniches ; des orchidées papillonnent en l'air autour des culs-de-lampe en cristal.

A notre arrivée, la fête bat déjà son plein. Sous le
dôme de verdure, tout est joie pour les yeux, fleurs
sur les arbutes et sur les femmes, jeux de lumière sur
les pelisses et les uniformes. Les femmes décolletées
sont venues, par des chemins de glace avec vingt-cinq
dégrés de froid ; à travers les palmiers on peut voir
le tapis de neige qui ceint le Palais et la rivière de
l'Aa immobile portant les attelages.

Les quadrilles se mêlent, les valses tourbillonnent
et dans l'immense salle à manger on soupe à la hâte
et à tour de rôle, car onze heures vont sonner et une
fête nouvelle se prépare, plus splendide et plus inattendue que celle à laquelle nous assistons depuis quelques heures.

Le signal en est donné par la musique d'un des régiments de la garnison. Les lourdes pelisses de fourrures retombent sur les épaules nues et les couples
joyeux, se déroulant le long des escaliers, traversent

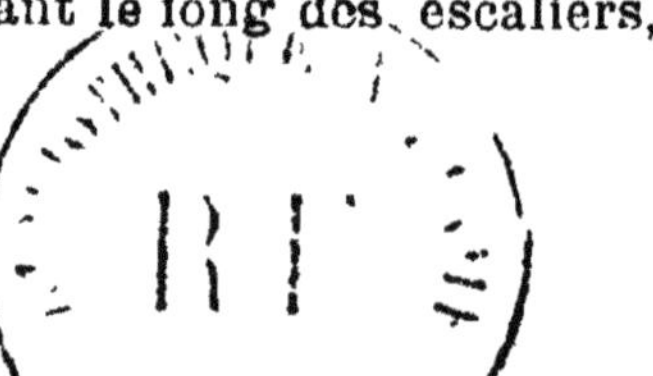

l'immense jardin splendidement illuminé, et s'avancent entrelacés vers le fleuve où de grands feux ont été allumés. Bivouac pittoresque : on dirait des gnômes assemblés dans les ténèbres, sur ce champ de glace, où un magicien vient d'évoquer les plus douces visions dans un mirage fantastique.

Tout à coup, le fleuve s'éclaire d'une lueur immense qui se répercute sur la foule assemblée le long des rives. Des myriades de torches, portées par des soldats, courent, volent en tous sens sous l'impulsion de hardis patineurs, auxquels se mêle bientôt la foule des invités : c'est le vertige qui commence sous la griserie du grand air glacial.

Pendant plus d'une heure, nous assistons à ce spectacle, *décor des Mille et une nuits*, où les diamants scintillent sous les mille feux qui passent, vont, viennent, se croisent en tous sens et s'arrêtent à un second signal pour se ranger en deux files au milieu desquels un nouvel enchantement va mettre le comble à notre surprise et à notre admiration.

De grands traîneaux à quatre places réputés par la célérité de leurs chevaux et l'adresse de leurs cochers, se rangent au centre de ces cordons lumineux. Deux couples s'installent dans chacun des véhicules. Enveloppés de fourrures des pieds à la tête, hommes et femmes attendent impatients que la Troïka des maîtres prennent les devants.

Nous partons ! Bientôt, nous atteignons le maximum de rapidité qu'on puisse attendre des jarrets des chevaux qui, eux aussi, semblent énivrés de leur propre galop. Plus vite ! Plus vite ! crient les femmes, déjà grisées, avec une voix secouées par des rires de joie folle. La douce ivresse du froid et du mouvement est à son comble. « Marche ! Plus vite encore ! », reprennent nerveusement les voix féminines ; et parfois une voix grave murmure tout bas : « Pourquoi plus vite ? Il faudrait n'arriver jamais ! !... » Et durant cette course folle, désordonnée, autour de nous répapillonnent à nouveau les torches des patineurs comme autant de fantômes éclairant cette route.

Deux heures viennent de sonner quand nous rentrons au Palais. Les lumières se rallument, le Samowar bouillonne, le champagne est versé à profusion, les assiettes de Caviar, de jambon, de filets de hareng, les chauds-froid de gelinottes, les petits gâteaux encombrent les tables. On mange de bon appétit, on trempe ses lèvres aux verres multiples, on rit, on bavarde, on fume ! Après avoir édifié de nouveaux projets pour les fêtes du Carnaval, nous saluons une dernière fois les maîtres de l'hospitalier château, et nous rentrons vers quatre heures, savourant à nouveau, dans l'air vif, cru et sain de la nuit, la volupté de cette nuit de délices et de ravissement.

C'est dans un bal paré et masqué, donné au cercle de la noblesse, que j'allais pour la dernière fois retrouver les principaux acteurs de la fête que je viens de décrire.

Nous avions précisément choisi ce jour-là pour réunir à l'hôtel de St-Pétersbourg en un somptueux déjeuner tous ceux qui, depuis notre-séjour, nous avaient témoigné tant de sympathies, mais comme notre situation de célibataires devait nous priver de la présence du sexe féminin, il avait été décidé qu'au milieu du bal un grand souper serait servi auquel tout le monde pourrait prendre part sans froisser les convenances aristocratiques.

Grégoire, maître d'hôtel français, attaché au Palais du Gouverneur, fut chargé de son organisation et pour donner à cette soirée un caractère essentiellement national, les plus jeunes d'entre nous s'étaient constitués en un groupe qui, la rosette tricolore à la boutonnière, devaient remplir les fonctions délicates de commissaires de la fête.

D'autre part, j'avais obtenu de tous les membres de

notre Société musicale, le concours le plus empressé et à dix heures et demie du soir, sous l'habile direction du papa Postel, notre chef, un orchestre entraînant saluait l'entrée des nombreux invités qui avaient bien voulu répondre à notre chaleureux appel, pendant que, braves sous le harnais de cérémonie, nos commissaires, attentifs au moindre bruit, volaient au devant des dames, lesquelles heureuses de cette réception inaccoutumée s'empressaient d'accepter le bras de leurs jeunes et galants introducteurs.

Je ne parlerai que pour mémoire du repas qui terminé à six heures du soir fut plein de gaieté et à la fin duquel de nombreux toasts furent portés à la Russié et à la France aux applaudissements de tous les convives ; je passerai sous silence aussi la visite faite au Tracktir de Ruhthal pour arriver immédiatement a la fête principal : le Bal masqué.

Dans une salle immense en forme de parallélogramme, encadrée de colonnes qui le supportent, un large stylobate est établi en terrasse autour du plancher, où l'on descend par des escaliers. Cette heureuse disposition permettait a ceux qui ne veulent pas prendre un part active aux plaisirs du bal de dominer les danseurs, et de jouir du spectacle de la foule animée, rien n'étant plus désagréable que ces cohues de niveau qui rendent les fêtes du monde inférieures comme effet aux bals de l'Opéra, avec leur triple rang de loges et de galeries, remplies de masques formant guirlandes, et leurs troupes de débardeurs, de tétés, de Pierrettes, montant et descendant les escaliers. La décoration de la salle est des plus simples et les milliers de bougies des lustres et des girandoles atteignent la vivacité de la plus éclatante illumination.

Cependant, si le mouvement, la clarté sont des éléments de joie, il faut aussi pour que la fête ait son cachet, que le bruit s'y ajoute, le bruit, cette respiration, ce chant de vie. Or, ici la foule était silencieuse. A peine un léger chuchottement courait au-dessus des groupes, faisant une sourde basse aux accords de l'orchestre. C'est que les Russes sont muets dans leurs plaisirs, et quand on a vu le bacchanal de l'Opéra, on s'étonne de ce flegme et de cette gaieté taciturne. On peut dire que si les Russes s'amusent ils n'en ont pas l'air. Et puis, aucun de ces costumes typiques comme nous en avons en France : des uniformes, des costumes de Lesghines, de Circassiens de Tatars, portés par de jeunes officiers ; en revanche, une grande quantité de danseuses aux dominos multicolores et toutes portant le loup de velours noir ou de satin rose, rivalisaient de jeunesse et de vigueur et c'est elles qu'on va chercher au bal.

Entrecoupé par le souper, le bal reprit avec plus de fougue, et vers deux heures du matin le mutisme habituel tombait, la glace se fondait et réchauffés par les éclats cuivrés de la musique, danseurs et danseuses oubliaient bientôt d'un commun élan l'étiquette aristocratique et les préjugés de classe pour s'élancer à travers salles et couloirs en valses échevelées qui ne se terminèrent qu'au jour en un galop final auquel jeunes et vieux prirent part avec un entrain inénarrable.

On pourrait croire qu'après cette journée et cette nuit d'émotions diverses, nous n'avions plus qu'à nous reposer, mais que l'on se détrompe, car les portes du Cercle n'étaient pas encore fermées que déjà nous filions comme une volée d'oiseaux vers le bain russe où après en avoir réveillé tout le personnel ébahi, et fait allumer les feux, nous réparions nos fatigues à l'étuve réparatrice, pour de là nous diriger en corps vers le grand bazar — sorte de grand marché hebdomadaire — pour y assister au spectacle intéressant de l'arrivée des vendeurs, des curieux et des acheteurs, car l'affluence en hiver y est plus considérable qu'en été, les routes étant meilleures.

A cette heure matinale, paysans endimanchés, fem-

mes aux couleurs voyantes, couvraient toutes les routes qui rayonnent dans la direction du marché, et les
petits traîneaux à un cheval, se suivant à la queue-
leu-leu formaient d'interminables processions. Parfois, l'un des animaux mal ferré, ou peu solide sous
ses jambes, culbutait avec son léger chargement.
C'était alors un brouhaha indescriptible de véhicules
renversés culbutant par dessus les autres, de moujiks qui se disputaient, de femmes se saisissant aux
cheveux. Puis les files se reformaient et les chants
succédaient aux cris de frayeur. On ne nous avait
pas trompé, ces scènes valaient la peine d'être vues,
et nous aurions regretté de n'y avoir point assisté.
Le plus curieux, c'était de voir, avant d'entrer dans
le bazar, toutes les femmes s'asseoir pour changer de
bas et de souliers qu'elles devaient quitter le soir, en
revenant, pour reprendre leurs chaussures sales.

On trouve de tout dans ces bazars ; non seulement
des victuailles, mais encore des vêtements et jusqu'à
des jeux de société et de petits meubles d'ornement.
L'industrie nationale fournit aussi quelques produits
intéressants. On y trouve des cruches, des jattes, des
pots souvent modelés d'après un type qui se trans-
met de génération en génération. Ces poteries sont
délicatement peintes à la manière orientale. On fabrique aussi des cuillères, des poches, et de grandes
tasse en bois qui servent aux moujiks pour tous les
usages domestiques ; seulement celles que nous avons
vues là sont peintes et vernies, ce qui leur enlève l'aspect assez propre des tasses communes en bois blanc.

En achetant tous ces objets préparés comme la laque
du Japon, je ne me doutais pas qu'à quarante ans de
distance je les retrouverais à l'exposition Franco-Russe
du Champ-de-Mars, comme aussi la kibitka, la télégue,
le droscky et surtout les traîneaux courant sur une
glace factice et qui me rapelaient mes heureux souvenirs de jeunesse.

Ce livre me paraîtrait incomplet si je ne disais quelques mots de l'armée Russe, au sein de laquelle nous comptions tant d'amis bienveillants et sympathiques. Or, un jour que j'étais allé voir un jeune lieutenant d'artillerie, officier d'ordonnance du général Totleben, je pensai ne pouvoir trouver une meilleure occasion de m'instruire, et je lui exposai le but intéressé de ma visite.

— Je suis heureux de me mettre à votre disposition, me dit-il, j'allais me rendre au poste de la place d'armes, venez avec moi, et en rentrant nous nous mettrons au travail.

Nous n'avions que quelques pas à faire et à son arrivée le poste prit immédiatement les armes. Sur un signe de la sentinelle, les soldats sortirent, mais sans autres armes que le sabre au côté, car les fusils ne reposent pas à l'intérieur ; ils sont rangés au dehors et couchés verticalement la crosse à terre sur de longs supports en bois peint — noir et blanc — couleur officielle qui orne également les guérites, l'entrée des Relais de postes, les barrières et les poteaux indicateurs de toutes les routes de l'Empire.

Quelques minutes après nous rentrions au domicile du lieutenant, où confortablement installé je transcrivis sous sa dictée le relevé officiel suivant des forces de l'armée Russe à la date 16 janvier 1857.

La garde impériale se compose de 40.000 hommes d'infanterie, 18.000 hommes de cavalerie, les régiments de lanciers, grenadiers et autres à peu près 50.000 hommes. La première levée de la garde est de 100.000 hommes ; avec les réserves elle s'élève à 200.000 hommes ayant un effectif de 500 canons.

Six corps effectifs forment l'armée proprement dite ; chaque corps compte 6 divisions de 4 régiments ; chaque régiment a 7 bataillons, dont 4 effectifs et comptent 1.000 hommes, ce qui fait 72 régiments de ligne, 288 bataillons, soit 288.000 hommes. En ajoutant deux corps de réserve et les bataillons de dépôt, nous avons un total de 400.000 hommes d'infanterie.

Il y a 74 régiments de cavalerie, 9 escadrons chacun de 160 hommes par escadron, soit 1.440 hommes par régiment, total 106,000 hommes.

La cavalerie irrégulière, Kirghis, Circassiens, Caucasiens, 120.000 hommes, l'artillerie légère comprend 50 batteries et 400 pièces, l'artillerie de campagne a 165 batteries, soit 1.320 pièces. Les corps de gendarmerie, Colonies militaires et brigades de douane donnent encore 130.000 hommes.

En résumé c'est donc un total de 1 075.000 hommes.

Après avoir remercié le lieutenant de ces notes si instructives la conversation s'engagea plus intimement dans laquelle j'appris à connaître cette armée.

Le soldat russe n'a pas cette gaieté de gravroche, cet entrain héroïque du soldat français, mais il a le courage résigné qui donne, lui aussi, l'héroïsme. Il regarde la mort sans peur, et sans regret il quitte la vie ; il a ce pressentiment, que la terre contient l'enfer pour les uns, le purgatoire pour les autres et il meurt sans murmure, les yeux fixés vers les régions mystérieuses que l'éther cache à ses yeux.

Il n'a pas la férocité du Prussien ; l'action engagée, il tue, le devoir lui impose cette affreuse nécessité ; mais la bataille terminée il devient bon et humain, et ne commettra jamais une cruauté inutile.

Pendant les néfastes luttes entreprises par la Russie contre la Pologne, le soldat russe n'a pas montré cette cruauté froide qui a malheureusement caractérisé les officiers. C'est que le soldat n'a vu dans le Polonais qu'un homme comme lui : ne sachant rien de l'histoire, il croyait les Polonais sujets d'un tzar, et par conséquent punissables parce qu'ils étaient révoltés. Il a fait son métier de soldat, sachant qu'il serait tué s'il ne tuait pas, mais sans haine pour les Slaves de la Pologne.

Mais c'était tout autre chose pour les officiers. Ils savaient qu'en se montrant inplacables envers le Polonais conquis, mais insoumis, c'était faire un acte agréable au tzar, et alors ils pendaient, fusillaient, faisaient fouetter les vieillards et les femmes. Leur avancement était alors rapide, et l'ambition était le mobile de beaucoup d'infamies.

Et puis un second sentiment non moins mauvais que le premier, animait l'officier russe, c'était la jalousie. Il comprenait la supériorité comme éducation, comme passé, comme instruction et comme nature chevaleresque du Polonais sur le Russe. Il était jaloux de lui, de cette jalousie qui naît parfois dans le cœur de l'inférieur à l'égard du supérieur et cela le rendrait implacable.

La lutte de la Russie contre la Pologne était un peu la lutte de la barbarie contre la civilisation ; elle était féroce d'un côté, elle avait de l'autre l'énergie du désespoir.

Mais dans les guerres avec les autres puissances, les officiers russes devenaient gais, bons garçons, viveurs effrénés ; ils vidaient des bouteilles de champagne et marchaient gaiement à la mort ; la lutte terminée, les armes déposées, ils traitaient avec humanité l'ennemi tombé entre leurs mains ; ils se montraient aussi sympathiques et aussi braves que le sont nos officiers français, et ce n'est pas peu dire.

Pendant la guerre de Crimée, dès qu'il y avait suspension d'armes, officiers français et russe se serraient la main, ils s'invitaient à boire, s'offraient des cigares, causaient gaiement et très affectueusement. En se quittant, ces hommes qui allaient tirer les uns sur les autres pour obéir à la guerre, vieille mégère hideuse, se donnaient une cordiale poignée de main.

Dans quelques jours je vais quitter cette ville de Mitau où pendant plusieurs mois nous avons vécu d'une existence de grands seigneurs au milieu d'enchantements de toutes sortes et je n'y rentrerai que pour y demeurer quelques semaines encore avant mon retour en France, retour précipité que je vais devoir à une circonstance exceptionnelle. Mais avant de l'abandonner, je dois à mes lecteurs de décrire ce pays hospitalier que j'ai parcouru dans tous les sens et dont je connais les plus petits recoins.

Jusqu'au XIII° Siècle la Courlande, l'un des gouvernements de la Russie d'Europe est très peu connue. Elle fut conquise par les Teutons en 1243, lors de la sécularisation de la Livonie et devient duché, vassal de la Pologne. Lorsque Anne de Russie, fut devenue impératrice par suite de la mort de son époux Maurice de Saxe, qui fut écartelé, elle donna ce duché à Biren, son favori ; celui-ci le transmit à son fils Pierre, qui abdiquat en 1793. C'est alors que Catherine II réunit la Courlande à la Russie.

Riverain de la Baltique, son sol se compose de forêts, de marécages et de tourbières, puis des steppes et des landes. Quand au gouvernement de Mitau, son étendue est de cinq cents kilomètres carrés. Il renferme plus de six cent mille habitants dont les deux tiers sont protestants ou luthériens.

La capitale dont le nom litton est Jelgawa, et qui faisant partie de l'ancien duché souverain et indépendant, est située sur la grande route de Prusse en Russie dans une contrée plate et sablonneuse, sur les bords de l'Aa. Cette ville est bien bâtie et produit sur le voyageur une agréable impression, surtout en arrivant de Pologne. Elle fut fondée vers la fin du XIII° siècle par Gustave de Meden et à l'origine était entourée de haut remparts dont nous avons retrouvé des traces nombreuses.

Cette ville est surtout célèbre pour avoir été le séjour de Louis XVIII, alors que sous le nom du Comte de Lille, il correspondait avec les émigrés français et fomentait la révolte contre Napoléon. Ce prince habitait le grand château, ancienne résidence des ducs de Courlande, situé a peu de distance de la ville, sur les bords du fleuve et où séjournait lors de notre passage le gouverneur de la province.

Mitau, qui a une population de trente à trente-cinq mille habitants, possédait un gymnase — Collège — un observatoire, une magnifique bibliothèque, six ou sept églises, trente écoles, plusieurs fabriques importantes et une garnison de cinq à six mille hommes.

On voit aux environs de superbes châteaux de plaisance, notamment ceux de Swerthoff, de Friedrichslust et de Ruheshal, résidence de la famille Soubof.

RETOUR A SAINT-PÉTERSBOURG

Nos travaux venaient enfin d'être terminés et, reçus par l'ingénieur en chef, il ne restait plus qu'à en faire parvenir l'énorme dossier à la Direction générale. Après de longues délibérations, il fut décidé que toutes ces pièces seraient envoyées à Saint-Pétersbourg et qu'un employé serait chargé de les accompagner jusqu'à destination, conjointement avec un officier du génie.

A cette nouvelle, je m'empressai de solliciter la faveur d'accomplir cette mission qui me permettrait de retrouver là-bas la famille bénie avec laquelle je n'avais cessé d'être en rapports constants. Je me rendis donc chez le colonel Peters et lui exposai les raisons qui me faisaient affronter les rigueurs de la température et les fatigues du voyage. L'excellent officier supérieur me promit d'appuyer chaleureusement ma requête auprès du comité et, grâce à sa haute influence, je recevais deux jours après des instructions officielles, une lettre de service et un *podorogeni* qui me permettait de prendre la poste impériale. En même temps j'écrivis à mon cher Borinoff pour le prévenir de mon arrivée et le lendemain nous prenions une kibitka, sur le devant de laquelle nos malles furent chargées, et, après avoir serré les mains de nos collègues — un

peu jaloux de la préférence qui m'avait été accordée —
nous partions à toute vitesse et sous une température
de 31 degrés de froid, à donner le frisson aux natures
les moins frileuses.

Aussi étions-nous habillés en conséquence : deux
chemises, deux gilets, deux pantalons, notre chaude
fourrure sur tout cela, du foin plein la voiture et
d'épaisses couvertures sur nos jambes. Ajoutez à cela
des bottes de feutre recouvertes d'autres bottes fourrées montant au-dessus du genou, pour coiffure un
bonnet chaudement ouaté et des gants de samoyède
dont le pouce seul était articulé. Ainsi fagotés nous
avions l'air de deux guérites ambulantes. Quant à la
kibitka, montée sur d'énormes patins d'acier, c'était à
l'arrière une sorte de caisse ressemblant autant à une
cabane qu'à une voiture, avec une porte et une fenêtre.

L'attelage galopait éperdument, les maisons, les
églises, les arbres filaient à droite et à gauche sous
l'éclat argenté de la neige. Deux fois par jour nous
descendions aux relais pour prendre nos repas et, rentrant dans nos coquilles, nous dévorions de nouveau
l'espace.

Le cinquième jour nous faisions notre entrée dans
la capitale. Quelques minutes après, les grandes portes
de la maison de poste s'ouvraient pour laisser passage
à notre attelage et, du haut du balcon descendait un
officier que je reconnus aussitôt à travers la petite
fenêtre de la kibitka. Jetant à la hâte nos couvertures,
je m'élançai à sa rencontre et nous tombâmes dans
les bras l'un de l'autre. C'était mon bon, mon cher
Paul qui, depuis le matin, attendait avec impatience
notre arrivée. En quelques mots il m'apprit que son
père et sa mère étaient partis quelques jours auparavant
pour la France et, qu'ayant loué une villa à
Cannes, le comte avait l'intention d'y résider jusqu'à
la belle saison, et qu'ils avaient emmené avec eux leur
fille. Seuls à Saint-Pétersbourg, Serge et lui avaient

leurs appartements à l'hôtel Michel où ils comptaient bien me donner l'hospitalité pendant mon nouveau séjour.

Depuis mon départ, Paul avait obtenu le grade de capitaine des chevaliers-gardes et Serge était sous-lieutenant aux hussards de la garde. Ne voulant pas abandonner mon aimable compagnon de route, je le présentai à mon excellent ami qui, déjà prévenu par moi, avait décidé que nous habiterions tous ensemble.

Comme la journée commençait à s'avancer, nous résolûmes de remplir tout d'abord la mission qui nous avait été confiée et, faisant de nouveau atteler, nous nous rendîmes au siège de la société où nous déposâmes le dossier de nos opérations. On nous attendait depuis la veille, et ce ne fut pas sans une certaine émotion que nous pénétrâmes chez le directeur général, qui ne nous donna la liberté qu'à six heures du soir, après avoir fait compulser toutes les pièces apportées par nous et nous avoir donné un reçu en bonne forme tout en nous remerciant d'avoir eu le dévouement d'accomplir un pareil voyage.

Nous étions d'autant plus satisfaits de cet accueil que la direction mettait à notre disposition une somme de quatre cents roubles (1,600 francs) destinés à être partagés entre tous les employés, et cent roubles à titre d'indemnité personnelle pour les frais de notre voyage et de notre séjour dans la ville.

A l'heure du dîner servi dans l'hôtel même, Serge, qui était de garde ce jour là, vint nous rejoindre. Pendant la durée du repas notre conversation ne roula que sur les chers absents et il fut convenu que dès le lendemain une lettre commune partirait pour Nice adressant au Général et à Mme Borinoff mes vœux de prompt rétablissement et à Melle Martha l'expression du plaisir que Paul venait de me causait en m'apprenant le prochain mariage de sa sœur avec le comte Rodeheff, puis harassés de fatigue, nous rentrâmes dans nos chambres pour y goûter un repos certes bien mérité.

Le lendemain, je me levai de bonne heure comme d'habitude, et j'étais à peine sur pieds que j'entendis frapper à ma porte. Croyant à la visite d'un de mes trois amis je m'empressai d'ouvrir et quelle ne fut pas ma stupéfaction en voyant entrer deux femmes, l'une d'un certain âge, l'autre beaucoup plus jeune ; à leur teint olivâtre, à leurs cheveux noirs, je reconnus des Bohémiennes. Elles venaient me proposer de charmantes corbeilles faites en clous de girofle.

Ne sachant trop ce que je devais faire, dans ce pays singulier et ne voulant pas appeler, je pris deux corbeilles que je payai généreusement. Mais hélas ! je n'eus pas plutôt sorti l'argent de ma ceinture que la concupiscence s'éveilla chez les deux femmes : dès ce moment, elles me montrèrent une infinité de petits objets qu'elles portaient dans diverses parties de leurs vêtements, et que je n'y aurai jamais soupçonnés. La plus jeune, en les cherchant un peu partout, ne manquait guère de découvrir quelque partie de sa peau brune, nuance qui ne semblait pas effrayer les seigneurs russes.

Pensant que le moyen de me débarasser de ces syrènes était de tenir ma bourse fermée, je refusai de faire un nouvel achat, alors la plus âgée se dirigea vers la porte qu'elle referma aussitôt derrière elle. Sans s'inquiéter le moins du monde de ce tête-à-tête, la jeune fille se mit à rire, et prenant ma surprise pour une approbation, s'apprêta à me régaler d'une danse de son pays, dont j'avais eu déjà un échantillon et qui se rapproche beaucoup de celle qui, en France, éveille les scrupules des bons gendarmes.

A cette insistance, je ne doutai plus que mes deux donzelles ne fussent d'accord pour me jouer quelque tour de leur métier, auquel je me serai laissé prendre quelques mois auparavant. Mais je n'ignorais pas que les Russes, très coulants sur la galanterie de leurs concitoyens, l'étaient moins lorsqu'il s'agissait des étrangers, et j'allais me résoudre à sonner, quand la porte s'ouvrit pour donner passage à mon compagnon de voyage qui devinant ce qui se passait, prit la jeune belle par les épaules et la poussa dehors avec tous les égards qu'on doit au beau sexe.

Il me conduisit ensuite à la fenêtre, et me faisant voir la première femme en compagnie d'un homme en uniforme très suspect, et qui n'était certainement pas là pour rien. Il m'apprit que, si dans mon amour pour la danse et les passes de la bayadère, j'avais succombé, nul doute que le quidam, muni de deux témoins, ne fut monté pour prendre place au ballet, en me pré-parant un joli procès d'enlèvement ou de séduction.

Je venais de l'échapper belle et j'étais à peine remis de mon émotion quand Paul et Serge vinrent nous chercher pour nous conduire au musée de l'école des Mines, qui est bien le premier cabinet minéralogique qui soit au monde.

Grâce à la présence de mes deux amis, je fus autorisé à transcrire sur mes tablettes l'énumération de toutes ces richesses au fur et à mesure qu'elles nous étaient signalées.

Au nombre des échantillons d'or natif des mines de l'empire, il en est un pesant quarante kilos, qui pro-vient de Mink et un autre de vingt deux centim. de long sur quatorze de large, estimé plus de 600,000 francs. Plus loin un rocher de Malachite, du poids de deux mille kilos, d'une valeur de cinq cent mille francs. A côté, un morceau de platine, pesant cinq kilos vaut cent mille francs.

Ici, soixante quinze émeraudes, encore dans leur gangue, dont elles ressortent de deux à trois centi-mètres, jettent un éclat extraordinaire. Tous ces tré-sors proviennent des mines de la famille Demidoff.

On nous fait remarquer aussi des blocs de lapislazuli ; une agglomération d'améthystes ; une pierre herborisée, présentant les accidents les plus bizarres ; une émeraude isolée pesant 1/2 kilog ; une hache celtique, faite d'une seule turquoise, longue de douze centimètre et large de huit, etc.

La collection des diamants et celle des perles, dont beaucoup sont encore dans leur coquille, n'offrent pas moins d'intérêt, l'une de ces perles est de la grosseur d'une aveline. Une topaze blanche, taillée en pomme de canne, à la dimension d'un œuf.

Parmi les échantillons de pierres destinées à l'ornementation, porphyre, marbre, granit, nous remarquons un marbre bleu veiné de rouge d'un reflet merveilleux. Enfin parmi tant de curiosités, nous remarquons les ossements d'un daim avec sa ramure incrustée dans le bois d'un chêne.

Sous l'éblouissement de tous ces trésors nous quittons le musée et comme nous nous trouvons peu loin de la Newa, nos amis décident de déjeuner au restaurant le plus proche pour descendre ensuite sur le fleuve où doivent avoir lieu des courses de chevaux et de rennes.

Nous avions tant de choses à nous dire que le déjeuner dura deux heures, qui nous parurent encore trop courtes, mais Paul tenait à nous faire visiter le campement des Samoïèdes avant la course et nous descendîmes à la Newa par la rampe de l'Amirauté, non sans avoir jeté un nouveau regard sur la statue de Pierre-le-Grand, que les frimas avaient coiffé d'une perruque blanche.

Ce grand fleuve que nous avions vu quelques mois auparavant étaler ses larges nappes moirées par des feux de lumière toujours nouveaux, sillonné sans cesse de navires, de barques, de canots, avait complètement changé d'aspect. La neige y était étendue en couche épaisse sur les glaçons soudés, et aussi loin que pouvait porter la vue, s'allongeait une blanche vallée, d'où émergeait çà et là de noires pointes de mâts, au-dessus des barques à moitié ensevelies.

Déjà, les curieux attroupés autour de la hutte des Samoïèdes, formaient un cercle noir sur la blancheur du fleuve. Des soldats de police composent un service d'ordre. Sur un signe de mes compagnons, nous franchissons l'enceinte et nous arrivons à la tente de peaux tendues par des piquets enfoncés dans la glace et qui ressemble à un grand cornet de papier placé la pointe en l'air. Nous entrons à quatre pattes par une ouverture basse qui laisse vaguement entrevoir dans l'ombre des hommes ou des femmes, on ne sait trop lequel... Dehors, quelques peaux sont suspendues à des cordes, et un indigène debout près d'un traîneau semble se prêter complaisamment à nos investigations. Il est vêtu d'un sac de peau, le poil en dedans, auquel s'adapte un capuchon qui, découpant la place du masque, ressemble à un heaume sans visière. De gros gants, d'épaisses bottes de feutre serrées par des courroies, complètent ce costume hermétiquement fermé au froid.

Le visage tanné, rougi par l'air, a des pommettes saillantes, un nez écrasé, une bouche large, des yeux gris à cils blonds sans trop de laideur, mais avec une expression triste, intelligente et douce.

C'est l'instant de la course. Les rennes sortent d'une seconde tente et sont attelés par deux aux traîneaux, qui n'ont qu'un strapontin, garni d'un lambeau de fourrures, où s'asseoit le voyageur. Le Samoïède, placé de côté et debout sur l'un des patins de bois, conduit au moyen d'une gaule dont il touche l'animal et auquel il veut faire changer de direction. Chaque attelage se compose de trois rennes de front ou de quatre en deux couples.

Nous mettons quelques roubles dans la main du chef de la tribu et, comme l'argent est le nerf de toutes choses, nous voilà autorisés à prendre part à la course, à ma grande joie. Nous fîmes quelques verstes à une allure assez vive, et c'était un indicible plaisir pour moi de nous voir évoluer ainsi et revenir à notre point de départ, sans avoir même rayé la surface du fleuve.

Cette promenade n'était que le prélude de la fête qui se préparait. Déjà, les troïkas passaient avec un frisson de grelots emportés par leurs trois chevaux, tirant en éventail, les traîneaux filaient attelés de magnifiques steppeurs, des berlines, des calèches démontées de leurs roues et posant sur des sabots de fer retroussés à leur bout se dirigeaient vers le champ de courses, où des tribunes de planches et une piste tracée par des cordes rattachées à des piquets plantés dans la glace, s'étendaient transversalement au fleuve. L'affluence était énorme, quand nous pénétrâmes dans les tribunes. Autour du champ de courses se pressaient deux ou trois rangs de traîneaux, de troïkas et même de télègues et autres véhicules plus primitifs. Les hommes et les femmes, pour mieux voir, étaient montés sur les sièges et les strapontins. Auprès des barrières les moujiks aux touloupes de peau de mouton formaient des bataillons serrés, mêlés aux soldats en capotes grises. Tout ce monde formait sur le plancher de glace un fourmillement noir, qui me paraissait assez inquiétant, sachant que sous cette croûte gelée d'un mètre d'épaisseur, coulait un fleuve plus grand que la Tamise à Londres.

Au signal du départ, une nuée de traîneaux se mit en branle. C'était merveille de voir filer ces magnifiques bêtes souvent payées des sommes folles. La fumée sortait à longs jets de leurs naseaux, un brouillard baignait leurs flancs, et leurs queues semblaient poudrées d'une poudre diamantée. Ils dévoraient l'espace avec la même sécurité que s'ils avaient foulé l'allée d'un parc. Les cochers, renversés en arrière, tenaient leurs guides à pleines mains, car ne devant pas prendre le galop, les chevaux avaient plus besoin d'être retenus que poussés.

Enfin le prix fut décerné, — une superbe coupe d'argenterie ciselée, — et ce triomphe excita un enthousiasme bruyant, dans la foule et les amateurs entourèrent le vainqueur pour le féliciter.

La course était finie, et les voitures quittèrent le lit du fleuve pour regagner les différents quartiers de la ville. Le spectacle était alors merveilleux ! On aurait dit une armée de chars donnant l'assaut aux quais de granit de la Newa, assez semblables aux parapets d'une forteresse.

Après ces quelques heures en plein air, nous éprouvâmes un sensible plaisir à rentrer dans un café pour y prendre un verre de thé bien chaud et allumer un cigare, car il n'est pas permis de fumer dehors, ainsi que je l'ai dit au commencement de cette relation.

Nous y restâmes jusqu'à l'heure du dîner, devisant de choses et d'autres, puis, comme il y avait ce soir-là représention au Grand-Théâtre ou Opéra-Italien nous ne pouvions manquer d'y assister, et à huit heures nous arrivions sur la place Michel, où le coup d'œil le plus bizarre s'offrit à notre vue.

Autour de grands feux allumés par les soins de la police, se pressent tous les cochers. Les flammes rouges du brasier éclairent d'une façon sinistre leur longue sarafane et leur barbe parsemée de glaçons ; Ils sautent, dansent et rient ; on les prendrait pour les démons de l'enfer polaire. Souvent, paraît-il, des âmes charitables leur font servir du thé et de l'eau-de-vie ; alors ces soirs-là, leur gaieté ne connaît plus de bornes.

On sait depuis longtemps avec quelle galanterie et avec quelle générosité nos charmantes actrices sont reçues en Russie ; mais ce qu'on ne peut se faire une idée sans l'avoir vu, c'est la chambrée de ces théâtres, lorsqu'une étoile française doit s'y faire applaudir. Le costume civil n'étant porté en Russie que par les étrangers, tous les spectateurs ont des uniformes éblouissants ; des décorations, des rubans et des plaques brillent sur toutes les poitrines, et les spectatrices sont mises avec autant de goût que de richesses, si bien qu'au spectacle la salle charme autant les yeux que la scène.

La scène de l'Opéra de Saint-Pétersbourg, a vu tour à tour les plus hautes célébrités du chant et de la danse, et nul gosier, nul genou n'a souffert dans ce pays de neige où l'on voit le froid sans le sentir. Rubini, Lablache, Tamburini, Mario, La Grisi, Taglioni, y ont été admirés et compris.

Cette année-là, Tamberlick, Ranconi, Calzolari, et Mesdames Bozio, Lotti, Bernardi, Dottini formaient une tête de troupe admirable, et Mme Ferraris allait le jour même recueillir les bravos d'une salle enthousiaste, dans un ballet composé pour elle par Perrot, le chorégraphe sans rival.

Dès son apparition, les bravos crépitèrent pour ne cesser qu'à sa rentrée dans la coulisse après cinq ou six rappels successifs accompagnés de fleurs à couvrir la scène entière. C'était un triomphe de plus à l'actif de la plus parfaite ballerine du monde.

En sortant du théâtre, je rappelais à mon cher Paul, la nuit charmante que nous avions passée aux Îles, quelques mois auparavant et je lui manifestai le désir d'y retourner, il me promit de nous y conduire le lendemain et de m'y faire passer, sous un décor nouveau, quelques moments agréables, mais comme le surlendemain devait avoir lieu la bénédiction des eaux sur la Néwa et qu'il serait comme son frère tenu à y assister officiellement, il voulait me faire visiter l'église des Dominicains.

Bien que je n'éprouve aucune sympathie pour toutes ses robes noires, brunes ou blanches, j'acceptai la proposition de mon ami et le lendemain vers neuf heures du matin, nous assistions à la messe solennelle ; tous les frères, Polonais pour la plupart, sont présents, en robes blanche avec capuce à leur chasuble. Le capuchon est le hausse-col des moines.

Avant la messe, l'un des pères monte en chaire et prononce un sermon, en une langue douce et harmonieuse, que je n'ai pas compris du reste. Puis l'abbé ou chef du couvent officia, mître en tête et crosse en main. Je m'aperçois qu'il n'a pas fini sa toilette car à l'autel, il lisse ses cheveux, enfonce ses gants, et rajuste sa cravate. Il chante mal comme tous les moines ; heureusement qu'il ne chante pas longtemps. Une musique chorale et instrumentale qu'alterne un bel et bon orgue fort bien touché, les fait taire et accompagne la prière. Je remarque une voix de basse admirable et une voix de femme qui ne l'est pas moins, mais la chanteuse ne sait pas la conduire, car elle laisse échapper parfois des éclats fulminants.

En ma qualité de Français et d'étranger, on m'avait placé dans le chœur, et au milieu de Frères ; je constatai que pendant le sermon, et parfois même durant l'office, ils ne dédaignaient pas de faire une petite causerie.

La messe terminée, mon ami sollicita la faveur de me faire visiter le tombeau du général français Moreau. Ce tombeau est des plus simples et tel qu'il convenait à cet astre éteint. Il consiste en une table de marbre blanc encadré de marbre noir, le tout de la hauteur d'un mètre sur quatre-vingts centimètres de largeur. Il porte pour inscription les noms du général et ces deux dates : né à Morlaix le 11 avril 1763, mort à Lauen le 2 septembre 1813.

Je remercierai le frère qui nous avait accompagné et après avoir déposé nos offrandes dans un tronc *ad hoc,* nous regagnâmes nos traîneaux pour rentrer à l'hôtel endosser nos costumes de voyage, le chemin de St-Pétersbourg aux Iles étant assez long à parcourir, il était nécessaire de prendre nos précautions.

Enfin nous partons pour les Îles, et nous glissons sur un tapis blanc de neige bien durcie, ayant un mètre et parfois deux mètres d'épaisseur; les toits ont à supporter cette même masse neigeuse, les arbres sont blancs, la façade couleur rhubarbe des maisons et l'or des aiguilles des dômes se détachent criards sur cette blancheur. Des nuées de corbeaux noirs sautillent sur la chaussée, se dérangeant à peine des voitures et des piétons pour aller se reposer deux pas plus loin; l'œil fatigué du blanc voit avec plaisir tous ces petits points sombres; des gros moineaux, avec une chaude robe de plumes épaisses et toujours hérissées, s'abattent sur la neige, picotant ce que les chevaux y laissent tomber. Quant aux pigeons, ils sont innombrables et considérés comme le symbole du Saint-Esprit, ils sont sacrés pour les orthodoxes; on leur donne à manger et, comme on ne les tue jamais, ils peuvent donc multiplier à l'aise.

Ces corbeaux me rappellent une petite aventure pour laquelle je vous demande la permission d'ouvrir une parenthèse et qui peut servir de leçon aux amateurs de la soupe aux corbeaux. Par une belle matinée, j'étais sorti mon fusil sur l'épaule, me promettant bien de rapporter quelques-uns de ces oiseaux à notre cuisinière; je n'avais pas fait dix pas dans les champs qu'un énorme corbeau, gras à lard, vint s'abattre sur un arbre. Je le mis aussitôt en joue et paf! l'oiseau, dégringolant de branche en branche, vint tomber à mes pieds. Je le mis dans une de mes poches, assez large pour me servir de carnier. Un deuxième subit le même sort un peu plus loin. J'en avais assez pour un potage de six à huit personnes et je repris le chemin du logis. Mais, à peine avais-je déposé mon gibier sur une table, que je sentis sur tout mon corps un insurmontable frissonnement et je remontai à notre chambre pour en connaître la cause. Hélas! après m'être déshabillé, j'eus la douleur de constater que j'étais couvert de poux des pieds à la tête. Aussi je me promis bien de ne plus jamais tuer de corbeaux, qu'ils soient gris ou noirs, laissant à d'autres le soin d'alimenter notre garde-manger. (Je ferme la parenthèse.)

Après un temps assez long, nous nous trouvons bientôt dans une vaste clairière où s'élèvent ce qu'on appelle improprement en France des montagnes russes et qui portent le nom là-bas de montagnes de glace. Je n'apprendrai rien à mes lecteurs en leur disant que dans notre pays la différence de climat a nécessité des différences de construction ; chez nous ce sont des chariots à roues qui, glissant sur des rainures à forte pente, remontent, poussés par la violence de l'impulsion, jusqu'à une esplanade de même niveau que le point de départ.

Les montagnes de glace, en Russie, se composent d'un léger pavillon terminé en plate-forme. On y monte par des escaliers en bois. La descente est faite de planches côtoyées d'un rebord, soutenuees par des poteaux, et se creuse en courbe rapide d'abord, adoucie ensuite, sur laquelle on verse de l'eau qui se gèle et produit une glissoire polie comme une glace. L'on descend trois ou quatre personnes ensemble sur un traîneau que guide un patineur qui le tient par derrière, ou bien on se fait précipiter seul sur un petit strapontin que l'on dirige du pied, de la main ou du bout d'un bâton ferré. J'en ai vu se lancer la tête en bas, couchés sur le sol, et j'ai constaté que les Russes sont très adroits à ce jeu éminemment national et qu'ils pratiquent dès l'enfance, mais j'avoue que ce spectacle attrayant ne m'a nullement excité à y prendre part et il m'a suffi de l'admirer en curieux.

Comme il y avait autour de la clairière une quantité de marchands de thé et de comestibles devant lesquels la foule se pressait, nous suivons le mouvement et nous dînons de jambon, de gelinotte et de petits gâteaux arrosés d'un thé bouillant, puis, remontant dans nos traîneaux, nous nous dirigeons vers les Iles qui, en hiver, méritent beaucoup moins ce nom. La gelée a solidifié les canaux que la neige recouvre et rattaché les Iles à la terre ferme. Les cottages sont fermés, mais ils n'en restent pas moins pittoresques sous la neige qui change leurs dentelles de bois en filigranes d'argent. Nous arrivons à l'auberge qui nous avait accueillis pendant la belle saison et, après avoir absorbé quelques coupes de champagne, nous revenons par le même chemin à Saint-Pétersbourg, en jetant un dernier coup d'œil aux montagnes de glace qu'éclairent des moujiks tenant des falots.

En passant le long de la forteresse, nous voyons au travers du fleuve deux lignes parallèles d'étoiles : c'est le gaz des lampadaires piqués dans la glace à la hauteur du pont de bateaux de Troizky, qu'on retire l'hiver, car la Néva, dès qu'elle est prise, devient pour la ville une seconde Perspective-Newsky; elle en est comme l'artère principale.

Le lendemain nous assistions, mon compagnon de voyage et moi, au baptême du fleuve, cérémonie dont j'ai donné plus haut une courte description qu'il est inutile de reproduire à nouveau.

Mais le temps s'écoulait et nous devions songer au départ. Cependant, avant de reprendre le chemin de la Courlande, nous tenions à répondre à l'aimable invitation qui nous avait été faite au siège de l'administration de visiter la gare et de faire une courte excursion sur la ligne de Moscou. C'était une fête nouvelle, car Paul et son frère, devenus libres, avaient voulu être de la partie. Conduits par un des ingénieurs de l'exploitation, nous arrivions quelques heures avant le départ de notre train.

Au moment où nous arrivons la gare est pleine de voyageurs échangeant avec leurs parents et amis force poignées de mains, embrassades et tendre paroles souvent entrecoupées de larmes. Contre l'habitude, le train-part à l'heure précise, car il arrive quelquefois qu'un personnage doit faire partie d'un train et la locomotive modère son ardeur et lui donne le temps d'arriver.

Nous pénétrons dans une voiture, ou plutôt dans une série de voitures, soudées ensemble et communiquant par des portes qui s'ouvrent et se ferment au gré des voyageurs ; ces wagons composent de véritables appartements précédés d'une antichambre avec water-closet et cabinet de toilette, où s'entassent les menus bagages, cette antichambre donne sur une plate-forme entourée d'une balustrade, où l'on arrive par un escalier.

Dans le milieu du compartiment un poêle bourré de bois maintient la température à quinze ou vingt degrés. Des bourrelets de feutre, posés à toutes les fenêtres, empêchent toute pénétration d'air froid. Ce compartiment se compose de canapés placés transversalement en face l'un de l'autre, il est séparé par un chemin libre où l'on peut circuler d'un compartiment dans l'autre, ce qui permet au voyageur de changer de place quand la position ou le voisinage ne lui plaît pas.

Il nous semblait, ainsi casés, habiter une maison à roulettes, dans laquelle nous pouvions nous lever, marcher, passer d'une pièce dans une autre avec cette liberté dont est privé le malheureux encastré dans une diligence, une chaise de poste, ou le wagon tel qu'on le fabrique en France.

Le service de la bouche a été prévu avec autant de sollicitude, et la nuit comme le jour vous trouvez à la station une table abondamment servie en viande, poisson, pâtisserie, thé, liqueurs et vins de toutes qualités.

Pour les voyageurs à petite bourse, une cantine à la russe est aussi installée, pourvue de mets et de boissons ; le poêle est plus ordinaire et les banquettes sont en bois, mais le chauffage, le calfeutrage et la disposition intérieure des wagons sont identiques aux premières classes.

Nous avons un certain nombre de stations avant d'arriver à Volkoff, où se terminera notre intéressante excursion, et chacune a paraît-il son jardin autour duquel des maisons de campagne commencent à se grouper.

Autant que la vue peut s'étendre, la neige couvre la terre de sa froide draperie. Plus de routes, ni sentiers, ni rivières, ni démarcations d'aucune sorte. De loin en loin des bouquets de bouleaux rougeâtres à moitié ensevelis montrent leurs têtes chauves. Quelques cabanes bâties en rondins lancent leur fumée, faisant tache sur la pâleur de ce morne drap ; on ne saurait imaginer la grandeur étrange et triste de cet immense paysage blanc.

De temps en temps, aux approches des stations débouchaient de quelque pli de neige des traîneaux et des kibitkas au galop de petits chevaux échevelés, courant sans souci des routes effacées et venant de quelque village inaperçu à la rencontre de voyageurs.

Les stations bâties sur un plan uniforme sont magnifiques. Leur architecture mélange agréablement pour l'œil les tons rouges de la brique et les tons blancs de la pierre. Mais qui en a vu une, les a vues toutes et je détaillerai plus loin celle de Volkoff dans laquelle nous sommes restés quelques heures.

Ce qui avait aussi attiré mon attention c'était notre locomotive et la forme singulière de son tuyau. Il est coiffé d'un vaste entonnoir qui le fait ressembler aux cheminées vénitiennes à chaperon évasé de Canaletto.

Quant à la locomotive, elle ne se chauffe pas, comme les nôtres, avec du charbon de terre, mais bien avec du bois. Des bûches de bouleau ou de sapin sont empilées symétriquement sur le tender et se renouvellent dans des stations garnies de chantiers.

Au moment ou nous arrivons à la station le train de Moscou à St-Pétersbourg entre en gare à son tour, et les deux convois versent sur le trottoir de gauche et de droite leurs voyageurs. Le train de Moscou amène des gens venus d'Archangel, de Tobolsk, des bords du fleuve Amour, des rives de la Caspienne, de Tiflis, du Caucase, de Crimée, de toutes les Russies européennes et asiatiques. Dans les salles ou règne une douce température de serre, c'est une agape cosmopolite où se parlent plus d'idiômes qu'à la tour de Babel.

O surprise ! Des Français et des Françaises entrent dans la salle où nous sommes. Je me précipite à leur rencontre, heureux de retrouver des compatriotes à six cents lieues de mon pays. C'est *Ravel et Levassor*, les comiques du Palais-Royal, qui rentrent à St-Pétersbourg avec une troupe d'artistes de différents théâtres parisiens. Ne voulant pas abandonner mes amis, je les présente aux deux excellents comédiens et tous, Russes et Français, nous prenons place a une table splendidement servie, couverte d'argenterie et de cristaux, hérissée de bouteilles de toutes formes et de toutes provenances, où les longues fioles de vin du Rhin, coudoyaient les bons bouchons cachetés de Bordeaux, les champagnes au casque en papier de plomb, à côtés des meilleures marques des bières anglaises.

Excepté une soupe au *Chtchi*, la cuisine etait française et chose plus surprenante, des garçons en habit noir cravate blanche et gants blancs, circulaient autour de la table et servaient avec un empressement sans bruit.

Tout en causant, j'examinais tous les types réunis dans la salle, depuis les tcherkers et les Mogols jusqu'aux Sibériens et aux Chinois. Une jolie Sibérienne attirait notamment tous les regards par une élégance que le voyage n'avait en rien dérangée. On eut dit qu'elle descendait de voiture pour rentrer à l'Opéra. Deux Tsiganes mises avec une richesse bizarre nous frappèrent par l'étrangeté de leur type, que rendait

plus singulière encore leur parure à demi civilisée.
Elles riaient aux éclats des propos galants de deux
jeunes Russes, leurs compagnons de route, sans doute.
Nos belles actrices étaient aussi, disons-le, l'objet de
la plus vive attention des indigènes qui n'avaient pas
la force de résister à la concupiscence des yeux.

Nos appétits satisfaits, les coupes de champagne
vidées au milieu d'une joie débordante, nous visitâmes
deux salons réservés aux personnages illustres, sorte
de musées de vente, où sont exposés des sachets, des
bottes et des pantoufles brodées d'or et d'argent, des
tapis circassiens en soie sur fond écarlate, des ceintures
tressées de fil d'or, des croix russes en bois sculptées
avec une patience infinie, enfin mille riens amusants
faits pour tenter le touriste et alléger son porte-mon-
naie de quelques roubles. Mais l'heure s'écoulait, trop
vite, hélas, où il nous fallut remonter dans le train de
Moscou pour retourner à St-Pétersbourg.

En sortant de cette tiédeur, malgré les pelisses le
froid nous sembla plus piquant, mais le vétéran chargé
de la surveillance, ayant rempli le poële de bûches, la
température du wagon qui s'était un peu refroidie
remonta bien vite et sans le mouvement imprimé par la
traction de la locomotive, on aurait pu se croire dans
sa chambre.

Nous avions pu prendre place dans un même compartiment, grâce à l'obligeance d'une famille de négo-
ciants qui, pour être agréable à des Français et surtout
à des Françaises, nous avaient offert les quatre places
qu'ils occupaient précédemment. Aussi le retour ne
fut-il qu'un long enchantement dû à la verve de nos
artistes, lesquels n'ont cessé, pendant tout le trajet,
de se faire applaudir, voulant, disait Levassor « *Nous
donner un petit échantillon de leur savoir*. Il faut
dire aussi que nos rires et nos applaudissements
avaient été entendus de tous et dans l'immense couloir,
les auditeurs des autres compartiments de premières

étaient venus s'entasser pour jouir en dilettante de ce spectacle inaccoutumé.

Avec une bonne grâce et une amabilité sans borne, ces excellents artistes se sont prodigués à tel point que nous entrions dans la gare de St-Pétersbourg, que personne ne songeait à descendre du train et ce fut au milieu d'une véritable ovation que nous pûmes enfin pénétrer dans les salles d'attente pour de là nous rendre en corps à l'hôtel Michel, où par une coïncidence fortuite des chambres avaient été retenues pour la troupe parisienne.

Inutile de dire que le soir même nous dînions tous au restaurant français où chaque Parisienne trouvait à sa place un superbe bouquet de fleurs, offertes par leurs compagnons de voyage, ce qui nous valut une surprise que beaucoup auraient payé fort cher, car après le dîner, qui se prolongea de longues heures, les tables furent enlevées, placées dans un angle de la pièce et sur cette scène improvisée nous eûmes le bonheur d'assister à l'audition du *Caporal et de la Payse*, ce vaudeville qui fut l'un des grands succès du Théâtre du Palais-Royal, et aussi de Ravel. Quelques scènes et chansonnettes comme Levassor savait les dire, complétèrent cette soirée impromptue et pourtant si charmante, qui passa comme un rêve enchanteur sous les yeux de nos amis les officiers russes, heureux d'une telle aubaine.

Cette inoubliable soirée fut le digne couronnement de notre séjour dans la Capoue gelée, car le lendemain nous devions nous remettre en route. Il m'en coûtait, je l'avoue, de quitter cette ville où par deux fois j'avais contracté d'aussi agréables relations ; j'avais été choyé, fêté, gâté, et tout cela ne s'abandonne pas sans regrets ; mais le devoir commandait et, après une dernière audience au siège de la société, nous reprenions à nouveau, le lieutenant Komoloff et moi, le chemin de la Courlande, non sans avoir longtemps pressé

dans mes bras mes bons et excellents amis et échangé
de nombreuses poignées de main qui furent comme
un léger adoucissement à l'amertume du départ.

. . . .

Quelques jours plus tard notre téléga s'arrêtait à la
porte du condittorei. Il était cinq heures du soir et, à
cette heure de la journée, nous étions certains d'y
trouver mes compatriotes réunis. Nous fûmes reçus
avec des acclamations d'autant plus chaleureuses que
notre entrée s'était faite par l'annonce de la gratifica-
tion accordée par l'administration. Nous apportions
en outre la nouvelle qu'une série d'études allait sous
peu commencer entre Wilna et Varsovie, ce qui résultait d'une lettre officielle dont je remis la teneur à
notre chef pour être communiquée à l'ingénieur Péters,
et au maître de la police chargée d'accomplir les formalités nécessaires à notre prochain départ.

Ces formalités nécessitant un temps assez considérable, ainsi qu'on le verra lors de mon retour en
France, nous résolûmes de profiter de cette accalmie
pour visiter Riga, l'une des villes les plus intéressantes
de la contrée.

Déjà pendant les derniers jours de l'été nous y
avions fait une excursion, et le temps ne nous avait
guère permis que de pousser en canot jusqu'à l'embouchure, où la Dwina se jette dans la mer, car au retour
nous fûmes surpris par un violent orage et, sous la
pluie battante, il nous fallut chercher un refuge dans
une sorte de cabaret mal famé, rempli de matelots, de
femmes aussi avinées les unes que les autres et de
débardeurs dont l'aspect n'avait rien de rassurant.
N'ayant pas le loisir de chercher un abri plus convenable, nous fîmes bonne contenance et nous étant
assis tous les quatre — car nous n'étions plus que
quatre — nos rameurs et notre pilote nous ayant aban-
donnés *provisoirement* pour aller trinquer avec quelques membres de cette jolie société.

Mais nous étions armés et prêts à faire face au danger, si danger il y avait eu. Heureusement que trop occupés à boire, ces gens ne firent pas attention à nous. Il est vrai de dire qu'ayant trouvé une table vide auprès de la porte d'entrée, nous nous en étions emparés, ce qui nous aurait permis de sortir en cas d'événements. Pendant plus d'une heure notre inquiétude fut mortelle, comme on pense, et lorsque l'orage fut à peu près calmé, nous nous empressâmes de solder la dépense et de filer au canot où, quelques instants après, nous fûmes rejoints par nos conducteurs qui, dans un *charabia* incompréhensible, semblaient nous reprocher notre fuite précipitée, ce à quoi nous ne faisions guère attention.

Après être rentrés dans le port, ballottés par les vagues qui menaçaient à tout instant d'entrer dans la barque, nous reprîmes à la hâte notre voiture sans avoir vu ni la ville, ni ses curiosités, heureux encore d'en être quittes à si bon marché, car j'appris plus tard que nous étions tombés dans un de ces coupe-gorges, trop fréquents, hélas! réceptacle de bandits que surveille la police et où de temps à autre elle fait des rafles productives.

Depuis ce jour-là, j'avais appris quel intérêt cette ville de Riga pouvait avoir pour un étranger. J'avais trouvé dans la bibliothèque de Mitau des documents curieux sur la capitale de la Livonie et la proposition d'aller y passer quelques jours me remplit d'enthousiasme.

Nous faisons notre entrée à Riga par un pont en bois flottant qui réunit le corps de la cité avec le faubourg à Mitau. La ville entourée de fossés et de remparts ressemble à une ville du Moyen-âge. Les rues des vieux quartiers ont conservé leur ancienne phynomie. Elles sont tortueuses et si étroites que deux voitures peuvent à peine y passer de front. Du haut

du pont, la capitale de la Livonie présente aux spectateurs le panorama le plus curieux.

Nous descendons à l'hôtel des Têtes-Noires où l'on
voit, entre autres curiosités, un service en argent
dont la fabrication remonte à plus de trois siècles, le
portrait de Gustave-Adolphe et des autres souverains
de la Livonie, et après le déjeuner nous commençons
notre visite aux principaux monuments, parmi lesquels figure en première ligne l'Hôtel-de-Ville qui se
distingue par une architecture et une décoration pleine d'originalité. Rien de plus fantastique et de pittoresque que la façade du milieu de la tour. Après l'Hôtel-de-Ville, notre attention est attirée par la Bourse,
décorée à l'intérieur d'une colonnade de marbre ; l'é-
glise de Saint-Pierre construite en 1406, l'église du
Dom. élevé en 1204 ; l'antique château des grands-maî-
tres de l'ordre Teutonique ; la colonne de granit érigée
sur la place du château en l'honneur d'Alexandre I⁽ᵉʳ⁾
et surmontée d'une statue de la Victoire. L'eau est
fournie par de nombreux puits particuliers, onze puits
artésiens et un aqueduc qui amène l'eau jusque dans
les maisons.

Grâce à notre qualité de Français nous pouvons
pénétrer dans quelques chantiers où l'on construit
des navires marchands et des bateaux de cabotage, et
où nous faisons la connaissance d'un compatriote,
Ed. Cordier, ingénieur distingué qui fort complaisamment tient à nous piloter pendant notre séjour. Nous
nous gardons bien de refuser une semblable aubaine
et nous voilà partis pour le port, formé par une anse
de la Dwina occidentale et qui, en été, est accessible
aux bâtiments d'un tirant d'eau de quatre mètres, et
dont une certaine quantité sont à quai, attendant pour
repartir que la débâche des glaces viennent ouvrir le
chenal, ce qui ne tardera pas, car la température s'est
depuis quelques jours adoucie au point de nous forcer

à abandonner les fourrures pour endosser des pardessus plus légers.

Quant aux gros bâtiments, à cause d'une barre qui
se trouve à l'embouchure même du fleuve, ils sont
obligés de s'alléger d'une partie de leur cargaison à
Boldéraa, à 14 kilomètres au dessus de Riga.

Notre cicérone nous apprend que pendant la belle
saison il est entré 2.190 bâtiments et qu'il en est sorti
2.169. Les valeurs importées ont été de 8.800.000 roubles
et les valeurs exportées de 26.000.000 de roubles, ce qui
a donné un total de 139.200.000 francs.

Sans doute, au moment où j'écris ces lignes, et grâce aux nouvelles lignes de chemins de fer, l'importance de Riga à doublé et sa prospérité commerciale
doit éclipser celle d'Odessa, en devenant le port de
transit de toutes les marchandises du commerce de
l'Occident avec la Perse et l'Inde.

Parmi les produits apportés à Riga, le sel occupe
une place considérable et l'Angleterre, l'Espagne, le
Portugal, la France et l'Italie alimentent et approvi-
sionnent les gouvernements de Livonie, de Courlande,
de Vitebsk, de Vilna, de Minsk, etc. Les harengs salés
y sont apportés de la Norwège, de la Hollande et de
l'Angleterre.

Par le nombre de ses fabriques et de ses métiers,
Riga est peut-être la ville la plus industrieuse de la
Russie. Outre les fabriques de savon, de cuir, de verre,
de moulins à huile, ses draps et surtout ses draps fins
possèdent une grande renommée. Ses fabriques de ta-
bacs et de cigares fournissent leurs produits à toute
la région Baltique et à St-Pétersbourg même. La confection des cordages, qui s'exportent à l'étranger, occupe des milliers d'ouvriers, et ses raffineries de sucre
alimentent tout l'intérieur de l'empire.

Enfin notre guide, poursuivant chaque jour ses savantes dissertations nous fit regretter de n'avoir pu
habiter la ville en été, car nous aurions pu, grâce aux

communications régulières des bâteaux à vapeur, visiter Hull, Stettin, Revel, Moen-Sund et St-Pétersbourg.

Et maintenant avant de quitter ce pays maritime découvert par des navigateurs de Brême, au commencement du XIIᵉ siècle, et dont pendant quatre jours, nous avons pu visiter les curiosités, et saluer notre cher drapeau tricolore déployé sur la *Pauline* et le *Caliban*, que le lecteur me permette de compléter cette étude par l'historique de la ville elle-même transcrit *manu propria*, aux archives de son importante bibliothèque.

Riga fut fondé en 1201 par l'évêque de Livonie, Albert d'Apeldorn, ancien chanoine de Brême. Cet évêque établit en 1204, l'ordre des chevaliers du Glaive, que le pape réunit en 1237 à l'ordre Teutonique. Riga, appartenait déjà à la ligue des villes hanséatiques et possédait une nombreuse flotte marchande et même des vaisseaux de guerre qui parcouraient la Baltique. Aux termes d'un traité intervenu en 1561, entre la Pologne et le dernier grand-maître de l'Ordre Teutonique, Conrad Kettler, celui-ci se reconnut vassal de la couronne de Pologne et prêta foi et hommage en qualité de duc de Courlande. C'est ainsi que la Livonie passa sous l'autorité de la Pologne ; mais Riga conserva encore son indépendance pendant vingt ans et ne devint ville polonaise qu'en 1581. Gustave-Adolphe s'en empara en 1621, et Riga appartiut à la Suède pendant tout le XVIIᵉ siècle. En 1700, le roi de Pologne et de Saxe, Frédéric-Auguste, et son allié Pierre-le-Grand mirent le siège devant Riga. La défaite de ce dernier souverain à Narva sauva la ville. Enfin, le 5 juillet 1710, après huit mois de siège, Riga fut forcée de se rendre au feld-maréchal russe Cheremetieff et depuis cette époque elle appartient à la Russie.

Le moment de quitter Mitau est arrivé. Il va falloir dire adieu à cette ville hospitalière, à ces amis dont nous garderons longtemps le cher souvenir. Déjà nos tables de travail, nos instruments sont emballés, es roues ont remplacé les patins d'acier, les voitures sont prêtes à partir et les chevaux gras à lard piaffent d'impatience dans l'écurie. Dans une soirée solennelle les verres se sont choqués une dernière fois et la société musicale à laquelle j'appartenais a tenu à en rehausser l'éclat par ses flots d'harmonie.

Le lendemain, 4 avril, à huit heures du matin, les portes de notre maison s'ouvraient pour nous livrer passage. La foule qui encombrait la chaussée nous saluait de ses vivats, et dans cette foule, nous apercevions quelques jolis yeux mouillés de larmes, auxquels nous répondions en agitant nos mouchoirs, avec un profond serrement de cœur.

Les voitures partirent alors grand train et à leur suite, nous enfonçâmes nos éperons dans les flancs de nos montures, non sans nous être retournés vingt fois pour revoir encore toutes ces figures aimées, puis la rue tournant brusquement, tout disparut à nos yeux. Il ne reste plus autour de nous que quelques officiers compagnons de nos fêtes qui ont voulu nous accompagner pendant quelques verstes et qui essayent de nous faire oublier la tristesse du départ.

Notre course un instant échevelée devient régulière, car la neige qui ne recouvre plus la terre y a laissé une boue sale au milieu de laquelle chevaux et voitures pataugent à l'envi. Deux heures après, nous étions seuls, mais au loin nous entendions encore le piétinement régulier des chevaux de nos braves camarades, chargés de porter nos dernières paroles de reconnaissance et de douleur à ceux qu'ils allaient revoir et que nous quittions pour toujours.

Voyageant à petites journées, couchant et prenant nos repas dans de mauvaises auberges ou dans des relais de poste, véritables restaurants ambulants, nous n'arrivâmes à Varsovie que le 9 au soir. L'Hôtel de Russie, où l'on nous conduisit était proprement tenu, sans toutefois vouloir y coucher ailleurs que sur des canapés et le lendemain, nous cherchâmes une maison pour y installer le service qui devait former notre tête de ligne. La chose eût peut-être été difficile, si le médecin-major du régiment d'artillerie en garnison à Mitau ne nous avait pas remis, avant notre départ, une lettre de recommandation pour un médecin civil le docteur Sabolewski. Chargé de cette lettre, je me rendis au domicile de ce dernier. Je le trouvai en famille, sa femme, toute charmante et aux manières douces et gracieuses entourée de quatre enfants, tous garçons, beaux et robustes, à la mine éveillée. Le bon docteur voulut me garder à déjeuner, mais économe de mon temps, et pour cause, je crus devoir refuser l'invitation en lui exposant le but de ma visite.

Il me promit de s'occuper immédiatement de notre affaire, et grâce à sa bonne volonté nous pûmes le lendemain même prendre possession de deux appartements destinés à notre bureau ; mais comme la maison ne pouvait être entièrement libre que sous huit jours, force nous fut de prendre nos repas au restaurant français et garder nos chambres à l'hôtel.

La deuxième escouade, dont je faisais partie, ne devant partir pour Wilna qu'après ce délai d'installation, j'eus tout le temps nécessaire pour visiter la capitale de la Pologne, sous la conduite de l'aimable docteur qui avait tenu à me garder chez lui pendant la durée de mon séjour, au grand désappointement de mes collègues, quelque peu jaloux de cette faveur.

Mais j'étais libre de mes actions, huit jours encore, et j'aurais été bien naïf, on l'avouera, de ne point profiter d'une hospitalité si gracieusement offerte.

J'étais une fois de plus en famille et si je ne retrouvais pas dans cet asile béni, le faste somptueux des Borinoff, j'y ai trouvé comme là-bas, des cœurs excellents, une gaieté de bon aloi et une amitié sincère dans sa haute modestie.

Pour décrire cette ville si souvent éprouvée par ses révolutions, ses incendies, ses massacres, ses changements de nationalité, au point qu'elle peut être considérée comme une martyre, il me faudrait la plume savante et habile de l'illustre historien M. Rambaud, lequel occupe avec tant de justice aujourd'hui, dans le gouvernement de la République, le poste éminent du ministère de l'Instruction publique. Je voudrais pouvoir reproduire ces descriptions superbes qu'il a tracées de mains de maître, ces merveilleux détails dus à une étude approfondie des monuments et des mœurs de la Russie, mais ce faisant, je sortirais du cadre restreint que je me suis imposé dans ces modestes impressions de voyage qui ne doivent être que des notes, sans prétention littéraire, prises au jour le jour.

Chaque matin nous partions pour ne rentrer qu'à l'heure du déjeuner ; l'excellent docteur n'ayant plus guère qu'une clientèle de vieux amis, pouvait ainsi disposer de la plus grande partie de ses journées qu'il consacrait généralement à quelque promenade hygiénique et à des travaux scientifiques. Mais après le repas du soir, qui avait lieu à six heures précises, notre savant s'interdisait toute sortie et la soirée se passait en famille ; les enfants, sous la direction d'une gouvernante allemande sachant le français, s'essayaient à parler notre langue, pendant que Mme Sobolewski, excellente musicienne, interprétait au piano les œuvres des compositeurs allemands et polonais sans oublier nos meilleures productions françaises, et que le maître de la maison, enfoncé dans un large fauteuil, fumait sa pipe en humant quelques tasses d'un thé savoureux qu'il accompagnait d'un vieux verre de fin kummel.

Nos pérégrinations à travers la vieille cité polonaise, que les habitants appellent Warchava, ont commencé par une visite au faubourg de Praga où Schouvaloff fit massacrer vingt mille habitants, hommes, femmes et enfants au mois de novembre 1794. Le docteur me fait remarquer un monument surmonté de huit aigles élevé en 1830 en mémoire de la victoire remportée par Diebish sur l'insurrection polonaise : singulier moyen de rendre deux peuples frères ! Les Polonais, dit-il, ne deviendront pas plus Russes que les Français deviendront Allemands. Opposés d'origine, de mœurs, de langue, de religion et d'intérêts, la fusion est impossible.

Sur un boulevard, dont l'apparence est fort belle, domine l'ancien palais des rois de Pologne, devenu la maison de Paskewitch ; puis un corps de garde de Tcherkess. Nous arrivons à la Vistule dont les flots ont encore roulé des milliers de cadavres, et en m'apprenant ces horribles détails je sens se serrer le cœur de mon cicérone. Aussi pour oublier ces souvenirs d'une autre époque, nous nous rendons à la cathédrale de Saint-Jean, au style gothique, et dout les sculptures sont l'œuvre d'une main habile, puis l'église de Sainte-Croix, qui passe pour la première de Varsovie, nous y entrons. J'y remarque un beau maître-autel et de curieux trophées conquis sur les Turcs, entr'autres l'étendard d'un pacha — et ses trois queues — pris par Sobieski sous les murs de Vienne.

Je constate en passant que les rues sont mal pavées, remplies de fondrières, de flaques d'eau et d'immondices, mais en revanche je dois dire, qu'à l'inverse de Saint-Pétersbourg, les femmes circulent nombreuses dans toutes les rues, soit en voiture, soit à pied. Il est vrai de dire qu'elles ont le tort de sacrifier leur costume national au chapeau et à la crinoline, mais du moins elles savent les porter et sont presque toutes belles et bien faites.

Je fus étonné aussi de voir partout des petites filles de douze à quatorze ans, proprement mises, en robes courtes, en pantalon, courant de ci et de là en batifolant, riant au nez des passants et les toisant d'un air moqueur. Je ne revenais pas de ce vagabondage et de ce peu de soucis des parents qui les tolèrent et j'en témoignai ma surprise à mon hôte. Il m'apprit qu'en effet l'éducation des filles des classes moyennes était fort négligée et qu'elles jouissaient d'une trop grande liberté; néanmoins leurs grimaces ne sont qu'espièglerie; elles sont joueuses et rieuses, mais habituées à la foule, elles savent s'y conduire et s'y faire respecter aussi bien et peut-être mieux que d'autres qui n'ont jamais quitté l'aile de leur mère. Je compris alors pourquoi ces fillettes, devenues grandes filles, donnent si bien un coup de poing, comme je le vis faire quelques jours plus tard à la sortie du théâtre par deux jeunes Polonaises que trois marchands juifs poursuivaient de leurs assiduités.

Je suis surpris de la quantité de Juifs que l'on rencontre dans les bas quartiers, mais le docteur me dit que la race israélite forme un quart de la population et qu'on y compte au moins trente mille individus de cette religion.

Le lendemain, nous visitons les faubourgs de Cracovie et du Nouveau-Monde, où loge la noblesse, ainsi que dans les rues Strony et Electorale. C'est dans celle du Nouveau-Monde que sont l'hôtel de ville et le jardin de Saxe, plus vaste et plus beau que celui des Tuileries à Paris.

Dans les quartiers vieux et éloignés du centre, un grand nombre de maisons sont encore bâties en bois. Dans les rues nouvelles, elles sont toutes en pierre. Parmi les principales places, nous pouvons citer les places Krasinski, Rygmand, Saxonne, de la Banque, du Théâtre, ne sont pas indignes de l'attention des voyageurs et notamment le Starsow ou place d'Armes qui peut contenir cinquante à soixante mille hommes.

Voulant témoigner ma reconnaissance au bon docteur ainsi qu'à son aimable épouse et en même temps leur faire abandonner au moins une fois leurs habitudes casanières, je me rendis un matin sans l'en prévenir à l'Opéra où devait avoir lieu une représentation extraordinaire et j'y retins une loge pour le soir même. Au déjeuner, je glissai subrepticement mon coupon sous la serviette de Madame Sabolewski et après avoir pris place j'attendis anxieux l'effet qu'allait produire ce petit morceau de papier. Il fut instantané ! Les yeux de ma charmante hôtesse brillèrent d'une flamme inaccoutumée et me regardant en souriant, joyeuse elle passa le coupon à son mari : Vous ne pouviez nous faire un plus grand plaisir, dit le docteur en me serrant la main ; je vous en remercie de grand cœur, car notre modeste aisance nous interdit de semblables prodigalités et pour ma chère compagne surtout, c'est une grande privation, elle qui aime tant le théâtre et la musique et qui ne peut en jouir comme elle le voudrait.

Le spectacle commença par un ballet de circonstance, où l'on voyait une marche triomphale avec les bannières des corps de métiers. L'orchestre et les chœurs étaient excellents, et les danseuses et figurantes fort jolies. La salle est grande, peu ornée, mais commode. Les danses étaient entremêlées de chœurs et de *soli* du plus gracieux effet.

Après le ballet, on représenta un acte d'*Hernani*, supérieurement chanté par Mme Bellini et le ténor Bonti, qui furent rappelés trois ou quatre fois.

Le spectacle se terminait par un tableau vivant où figuraient plus de 150 personnes gardant une immobilité complète. Ce tableau représentait l'Olympe. Des effets de lumière habilement ménagés amenaient successivement toutes les teintes du soleil levant au soleil couchant, avec des reflets d'or et de pourpre semés d'intermédiaires jaunes, oranges, roses, bleus, verts. reflets qui ce communiquaient à toutes ces figures et en variaient à chaque instant l'expression.

Si le plaisir qu'éprouva Mme Sabolewski à l'audition

d'*Hernani* fut considérable, la joie du docteur fut exubérante au colossal défilé des corps de métiers, et en regagnant notre domicile, je dus recevoir à nouveau les marques de la vive reconnaissance de mes hôtes, ce qui me combla de joie, car j'avais trouvé le seul moyen de leur être agréable.

Mais les jours s'écoulaient et il fallut bientôt songer à quitter l'hospitalière demeure, car laissant notre première équipe à Varsovie nous allions à notre tour prendre la route de Wilna où nous devions commencer nos nouveaux travaux de nivellement.

Mais avant de quitter l'ancienne capitale de la Pologne, je veux signaler l'obséquieuse politesse des habitants, qui abusent un peu trop des qualifications courtisanesques. Les Polonais se croient tous nobles et chez eux les mots d'*excellence* et de *seigneurie* reviennent à chaque instant. Le *monseigneur*, ne vous est pas épargné, ce qui met souvent dans un singulier embarras, nos lèvres françaises étant peu accoutumées aux titres prodigués si banalement.

J'ai coudoyé beaucoup de Polonais, et je dois avouer que si j'ai trouvé de vieux patriotes, fidèles aux idées d'indépendance de Kosciusko, l'immortel héros populaire, de Sowiriski et de Wysocki, j'ai rencontré trop généralement, hélas, des gens imbus d'un orgueil sans mesure, paresseux ou nonchalants et cela dans la classe moyenne des commerçants et des employés. Mais la haine de la Russie y est encore vivace et les relations existant entre les deux races sont toujours tendues comme aux mauvais jours.

Après avoir quitté nos concitoyens nous prenons le chemin de Wilna. La neige a complétement disparu et le gai soleil du printemps se fait déja sentir sous les nuages. Les routes ne sont plus désertes, et de temps en temps nous rencontrons des chevaux, des charrettes, des groupes de paysans. Parfois c'est la plaine sans fin, sans horizon, mais la diversité des paysages nous offre de nombreuses distractions.

Enfin nous voici au terme ds notre voyage et comme à Varsovie notre première pensée est de chercher un logement que nous trouvons le jour même à un prix assez élevé, mais confortable, avec écurie et remise pour les chevaux et les voitures. C'est une ancienne maison de poste presqu'abandonnée par son propriétaire, qui s'est réservé le rez-de-chaussée où il remplit les fonctions d'écrivain public et d'homme d'affaires.

Connaissant admirablement la langue française, il veut bien se charger de notre installation, et grâce à cette bonne volonté — quelque peu intéressée, car il est juif — nous voilà bientôt chez nous, avec une cuisinière française dont la fille est institutrice.

J'aurais voulu visiter la ville dès le lendemain, mais les exigences du service ne me laissaient de liberté que le dimanche et je dus m'incliner, quitte à me dédommager ce jour-là. Il est vrai que Wilna, en dehors des faits historiques qui s'y sont passés, n'a rien de bien remarquable et après avoir vu le musée d'archéologie, le jardin botanique, le palais du gouvernement, les bâtiments de l'ancienne université et le vieux palais du Radziwill, rien de bien curieux ne s'offrait à notre curiosité naturelle.

Comme à Varsovie, les juifs pullulent à Wilna et les églises y sont nombreuses ; on compte 28 églises catholiques, 11 temples grecs, 1 église luthérienne, 8 synagogues et une mosquée. Seules l'église St-Pierre est remarquable par son architecture, et l'église Ste-Anne, par son style gothique.

Wilna fut occupé tour à tour par les Normands, les Suédois, les Russes et les Français, qui pendant la retraite de Moscou y perdirent soixante mille hommes luttant contre la mort et succombant dans les hôpitaux et pendant la traversée de Smorgony à Wilna.

Un matin, j'étais descendu dans la cour de notre maison, pour me rendre compte de la façon dont les chevaux étaient entretenus, lorsque la porte de la rue s'ouvrit, et un soldat de la poste pénétra chez notre hôte, M. Sawiski, avec un paquet assez volumineux de lettres et de journaux. J'entrai derrière lui et demandai si par hasard il n'avait pas quelque chose pour moi. Deux lettres étaient à mon adresse ; la première de Borinoff m'annonçait que le mariage de sa sœur avait eu lieu quelques jours auparavant et qu'au repas nuptial on avait bu à ma santé ; j'y trouvai également un charmant dessin fait à la plume par Serge, représentant une scène de mon séjour au château du bon général, alors que sur la terrasse nous admirions le splendide panorama qui se déroulait devant mes yeux émerveillés.

La seconde lettre, datée de quinze jours, et qui revenait de Mitau, m'était adressée par l'excellent docteur Devade, médecin de ma famille ; dans cette lettre il m'informait que ma mère était tombée sérieusement malade en apprenant la prolongation de mon séjour et que, sans qu'il y eût un danger imminent il m'engageait à revenir en France le plus tôt possible, l'annonce de mon retour devant être le meilleur palliatif de la maladie.

Suffoqué par les larmes, je quittai brusquement notre propriétaire pour monter auprès de mon parent auquel je remis la lettre que je venais de recevoir, en le priant de répondre lui-même à mon père, que j'étais prêt à reprendre le chemin de la France dès que les formalités nécessaires seraient accomplies, ce qui ne pouvait avoir lieu avant quinze jours ou trois semaines, car si l'on peut entrer en Russie avec un simple passeport, il n'est pas aussi facile d'en sortir, et comme nous étions depuis trop peu de temps à Wilna et à Varsovie, c'est à Mitau que toutes les démarches devaient être accomplies ; nos permis de séjour n'existant encore que pour cette ville, c'était aussi de là que je devais partir.

Dans notre ignorance complète des réglements en usage dans l'empire, je ne pouvais trouver un initiateur plus compétent que l'homme de loi chez lequel nous demeurions et dès le lendemain j'eus recours à ses conseils et à sa longue expérience. Il voulut bien se mettre à mon entière disposition et m'engagea à écrire le jour même au Gouverneur de Mitau et au colonel Péters en les informant de ce qui se passait et en sollicitant l'appui de leur haute influence.

En outre je devais adresser une pétition au maître de la police, cette pétition devait être rédigée en russe, ce que j'étais incapable de faire. Cependant, comme il n'était pas indispensable qu'elle fût de ma main, M. Sawiski s'en chargea et je n'eus que la peine de la signer. Je devais y joindre mon passeport français, mon passeport russe et la gazette officielle de Mitau devait publier par trois fois ma déclaration de départ, afin de prévenir mes créanciers au cas où j'aurais quelques dettes. Ces documents devaient m'être rendus la veille de mon départ pour la France.

Les jours passèrent pour moi dans une inquétude mortelle, car je ne pensais recevoir des nouvelles de ma famille avant une quinzaine, lorsque le onzième jour une lettre me fut remise au moment où je me préparais à monter à cheval. Elle était de l'excellent docteur et ainsi conçue : J'ai pris sur moi, mon cher ami, d'annoncer ton retour à tes parents. L'effet que j'en attendais s'est manifesté à ma grande satisfaction. Ta mère est hors de tout danger et la convalescence n'est plus qu'une question de jours. Mais reviens aussitôt que possible.

La lettre de mon parent avait dû se croiser avec celle-ci et le médecin me tranquillisant, je pouvais attendre moins douloureusement le résultat de mes démarches.

Enfin le 25 avril, je reçus l'invitation d'avoir à me rendre à Mitau, et le 26 au matin, je fis mes adieux à mes chers amis et concitoyeus, pour reprendre une fois encore le chemin de Mitau, ne me doutant guère qu'à vingt-neuf ans de distance, je devais retrouver à Paris le fils de l'exellent homme auquel je devais d'avoir vu abréger des formalités longues et souvent diffciles.

J'étais alors attaché au bureau des mariages de la mairie du 10ᵉ arrondissement de Paris. Un jour, deux futurs se présentent pour faire inscrire leurs publications. L'un déclara se nommer Sawiski Stanislas, né à Wilna (Russie) le 21 décembre 1854 et l'autre Lodoïska Wass, née à Paris le 16 mai 1858, de parents polonais. Frappé par le nom du fiancé, je l'interrogeai non sans une certaine émotion et j'appris qu'en effet il était bien le fils de celui qui, autrefois, avait été notre hôte. Son père lui avait bien souvent parlé des Français qui avaient habité sa maison et qu'il en avait gardé la mémoire jusqu'à sa mort, car hélas ! le brave homme n'existait plus et à un an de distance sa femme l'avait suivi dans la tombe. Le fils après avoir quitté Wilna était venu habiter Paris où il exerçait la profession de photographe.

Trois semaines après, j'assistai en qualité de témoin au mariage et ma joie fut au comble quand à la fin du dîner, les deux époux entrèrent au salon revêtus du costume national en apprenant à leurs invités, un peu surpris de ce changement, qu'ils avaient voulu par là rendre hommage au vieil ami de leurs chers parents, qu'un hasard heureux leur avait fait retrouver. Je fus très sensible à ces sentiments si sympathiquement exprimés et sous l'émotion qui m'étreignait je serrai les deux époux dans mes bras en les remerciant au nom de ceux qui n'étaient plus et de mes compatriotes disparus pour moi depuis quelques années.

Mais revenons à Mitau où mon arrivée fut d'autant

plus fêtée qu'elle était inattendue. Certes, j'étais touché de toutes les marques de sympathie qui m'étaient témoignées, mais, hélas ! mon esprit était ailleurs et je m'occupai aussitôt des documents nécessaires à mon voyage. Enfin, au bout de deux jours, le maître de police me remettait trois pièces officielles : la constatation des publications de la Gazette, un passeport pour Paris qu'il me fallut faire viser à Berlin, à Cologne et à Verviers, enfin un *podorogeni*, que je devais à la gracieuse intervention du général-gouverneur, que je m'empressai d'aller remercier.

VI

EN ROUTE POUR LA FRANCE

Jusqu'à Tilsitt, je voyageai en poste en compagnie d'Allemands qui ignoraient notre langue et d'une famille juive dont les membres étaient peu communicatifs et d'une malpropreté révoltante. Au second relai, je montai dans le coupé de la diligence, moyennant un supplément de place ; le premier coin en était occupé déjà par un gros marchand de vins de Riga qui sans interruption fuma des cigares jusqu'à la frontière ; les yeux courroucés qu'il me lança quand je passai devant lui pour m'asseoir à l'endroit resté libre, me semblèrent d'un mauvais augure, mais il n'en fut rien et cet ours mal léché me devint indifférent. Dans le second coin se trouvait un jeune homme qui se rendait à Cologne, mais qui devait s'arrêter à Tilsitt chez un de ses parents. Indépendamment de deux malles énormes installées comme la mienne sur le haut de la voiture, il avait encore de tous les côtés, d'innombrables paquets qu'il s'empressa d'empiler devant lui. Etait-ce dans la crainte de me gêner ? Je le supposai aussitôt, car il n'était guère plus causeur que mon marchand de vin ; il me parut du moins plus convenable et de temps en

temps nous échangions quelques mots dans une langue
qui n'avait rien de la langue française et nous nous
comprenions aussi facilement que des sourds-muets
pourraient comprendre un discours d'académicien.

Enfin nous atteignons la ville célèbre par l'entrevue
qui eut lieu sur le Niémen, entre l'empereur Alexandre
et Napoléon I⁰ʳ et nous traversons le fleuve dans un
immense bac pour prendre la route de Kœnisberg.
J'étais en Prusse ! Mes derniers regards se portèrent
sur la route que je venais de parcourir et ma pensée
s'envola une dernière fois vers ceux que je venais de
quitter pour toujours.

Je fis aussitôt transporter mes bagages à la gare et
après avoir dîné au buffet je prenais le train de Berlin
à dix heures du soir et à huit heures du matin j'arrivais
à l'hôtel de St-Pétersbourg spécialement recommandé
par mon jeune compagnon de voyage. Mais à peine
descendu de la voiture de place, qui m'avait amené de
la gare, je crus avoir commis une erreur. Les fenêtres
étaient pavoisées du bas en haut de drapeaux et d'ori-
flammes aux couleurs prussiennes. Un huissier à chaîne, en habit, culotte courte et bas blancs, vint ouvrir
la portière pendant que deux domestiques galonnés
jusqu'aux coutures s'emparaient de mes bagages.
Aurai-je été l'objet d'une mystification et m'aurait-on
conduit dans un palais au lieu d'un hôtel ? Je voulus
en avoir immédiatement le cœur net et pénétrant à la
suite de l'huissier dans un immense salon, après avoir
parcouru un vestibule recouvert de tapis luxueux orné
de fleurs rares et de magnifiques arbustes, je m'adres-
sai à une dame qui se trouvait devant un bureau, et
lui demandai dans un mauvais allemand si j'étais bien
à l'hôtel de St-Pétersbourg.

— Vous n'avez point été trompé, me répondit-elle, en
un excellent français qui me rendit tout joyeux, cependant comme c'est demain la fête du baptême du prince
royal, l'hôtel a été disposé pour recevoir de hautes

personnalités de la famille royale, mais je suis Française, et Parisienne et nous trouverons bien à vous installer quelque part. Du reste, ajouta-t-elle, vous trouverez ici un de nos compatriotes, le capitaine d'artillerie Gauthier, courrier de cabinet de l'empereur qui revient de St-Pétersbourg, et qui doit séjourner à Berlin pendant les fêtes. Tenez, le voici qui descend pour se rendre à l'ambassade, je vais vous présenter. Puis, se levant et allant à la porte : Capitaine, dit-elle, voici un jeune compatriote qui arrive de Russie comme vous ; on lui a recommandé l'hôtel et il regretterait d'être obligé d'aller ailleurs.

— Mais, chère dame, la chose est facile, répondit aussitôt l'aimable officier auquel, dans ma joie de revoir un uniforme français, j'avais déjà tendu mes deux mains, faites dresser un lit de sangle dans mon appartement et si notre jeune ami ne dédaigne pas la société d'un soldat, il peut considérer ma chambre comme sienne. Et maintenant, mon cher enfant, comme vous devez être fatigué, pendant que l'excellente madame Gunsbourg va s'occuper de votre installation, montez prendre un bain et à mon retour de l'ambassade nous déjeunerons ensemble à la française, rien qu'à la française !

Après avoir chaleureusement remercié le capitaine et l'excellente dame de confiance des maîtres de l'hôtel, je suivis un domestique qui m'introduisit dans une salle de bains, d'un luxueux confortable et m'y reposai pendant une heure des fatigues du voyage. En sortant, je demandai l'adresse d'un coiffeur et au bout de quelques minutes j'entrai dans un magasin d'objets d'art et de bijouterie, puis dans le salon de coiffure dont la porte était marquée par une immense tapisserie de velours rouge.

Cette portière était à peine refermée, qu'un des garçons qui s'était porté à ma rencontre poussait une exclamation de surprise: Vous êtes bien Monsieur Lenoir, de Gien, me dit-il ? Sur ma réponse affirmative : vous ne me remettez pas, ajouta-t-il, cela se compréd, depuis trois ans, j'ai grandi, mais moi je vous ai reconnu tout de suite et je suis bien heureux de vous revoir. Que faites-vous donc à Berlin ? Je reviens de Russie, lui répondis-je ; descendu il y a une heure à l'hôtel de St-Pétersbourg, j'avais demandé l'adresse d'un coiffeur et par une coïncidence heureuse je tombe précisémert sur un enfant de mon pays. Ce brave garçon m'apprit qu'après avoir quitté la maison Hocquart, où il n'était qu'apprenti, il s'était rendu à Paris et de là à Berlin, où il était depuis deux mois.

Puisque vous rentrez à Paris, voulez-vous rendre un grand service à ma patronne, elle vous en sera très reconnaissante ? Si la chose est possible, je suis prêt à vous obliger, et il me conduisit auprès d'elle en lui donnant quelques explications préliminaires.

— J'ai ici, depuis hier, me dit cette dame, un éventail de grande valeur appartenant à la princesse de Hesse-Cassel ; la réparation de cette pièce ne peut être faite que par la maison Faucon de Paris, avec laquelle je suis en relations du reste ; voudriez-vous vous charger de la remettre à qui de droit. Je vais écrire immédiatement pour annoncer votre arrivée prochaine, si vous daignez me rendre ce service ?

— Vous pouvez être sûre, Madame, que votre commission sera faite et bien faite je l'espère, veuiliez faire remettre à l'hôtel l'éventail en question.

— Laissez-moi vous remercier, Monsieur, de votre obligeance et pour vous prouver ma reconnaissance, permettez-moi de vous offrir cette loge pour l'Opéra où l'on joue ce soir *Les deux journées de Chérubini*.

J'acceptai le coupon avec empressement, heureux de faire plaisir à mes bons amis de l'hôtel où je rentrai bientôt, non sans avoir préalablement emmené mon jeune concitoyen, dans un des beaux cafés de la promenade des Tilleuls que je me proposai de visiter après déjeuner. Mais hélas ! l'homme propose et le *Johan-nisberg* dispose ainsi qu'on va le voir.

Le capitaine Gauthier m'attendait depuis quelques instants. Nous passâmes aussitôt dans un petit salon attenant à la table d'hôte, encore vide de ses convives, car à Berlin l'on déjeune fort tard, paraît-il. Mais que nous importait à nous Français, ce que pouvaient faire les Prussiens ?

Du menu, je ne parlerai pas, car il n'avait rien de bien extraordinaire : des huîtres, un bifteck aux pommes, savoureux pour moi qui n'en avais pas mangé de pareil depuis si longtemps, un poulet, rôti à point, des haricots verts, des oranges et un gâteau allemand. Comme vins, deux immenses fioles de Johannisberg et une bouteille de vieux Bordeaux à laquelle je ne fis guère honneur et pour cause. Mais le Johannisberg me parut si exquis que je le buvais comme du petit lait sans remarquer l'expression de joie qui se peignait sur la figure de mon partenaire. Aussi quand le déjeuner qui dura plus d'une heure fut terminé et que nous nous levâmes de table pour aller fumer un cigare sur l'avenue, je sentis tout à coup mes jambes flageoler, ma tête s'alourdir et il s'en fallut de bien peu que je ne dégringolasse l'escalier tout d'une pièce. De par le traître Johannisberg, j'étais... juste à point pour me sentir remonté à notre chambre par le bon capitaine qui riait aux éclats de l'incident et qui m'engagea à me jeter sur son propre lit où je dormis, d'un sommeil de plomb, jusqu'à quatre heures du soir.

En me réveillant, je pensai à mon coupon pour l'Opéra et je descendis immédiatement le remettre à la bonne madame Gunsbourg, très tourmentée de m'avoir vu en un semblable état. Elle comprit vite que ce fait était dû à mes longues privations de vin et elle me fit conduire chez un pharmacien dont la drogue me remit complètement sur pied.

Quand le capitaine rentra pour dîner, il constata avec

plaisir que j'étais guéri et il accepta de nous accompagner, *en civil*, au théâtre, car on pense bien que l'aimable dame allait être des nôtres et aussi Mme Wol-
fram, sa patronne, heureuse d'une telle aubaine.

Nous passâmes une soirée charmante, dans laquelle
il nous fut donné d'admirer Mademoiselle Taglioni dans
la *Sévillana* et à minuit, nous rentrions à notre chambre
où mon lit de sangle était installé .et sur lequel je
m'endormis aussitôt pour ne me réveiller que le lendemain à onze heures. Mon compagnon de nuit était
parti depuis longtemps et, quand une fois habillé je
descendis pour souhaiter le bonjour à notre aimable
hôtesse, je la trouvai dans le feu du travail.

L'hôtel, en effet, offrait alors un coup d'œil extraordinaire. Ce n'était dans les couloirs, les escaliers, le
vestibule, que toilettes de gala, uniformes chamarés
sur toutes les coutures et valets de pied circulant
partout comme les mouches du coché.

A chaque instant, d'élégantes voitures emportaient
vers le château, princes, princesses, ducs et margraves.
Ce défilé dura plus d'une heure et je le contemplais avec
une curiosité fébrile du fond du bureau où j'étais tapi
dans un fauteuil.

Après le déjeuner, d'où le Johannisberg fut banni
dans la crainte d'une nouvelle aventure, le capitaine
et moi nous allâmes visiter un peu la ville dont l'animation m'a semblé très grande. Il est bon de dire que
la troupe y occupait une large place. De tous côtés ce
n'était que régiments d'infanterie, de cavalerie et
d'artillerie qui se rendaient à la cérémonie qui devait
avoir lieu à deux heures. Ces soldats dont j'admirais
alors les brillants uniformes, je devais, hélas ! les
retrouver treize ans plus tard dans des conditions
épouvantables, maître de notre pauvre France, par
l'ambition dynastique d'une femme, l'incapacité de nos
généraux et la veulerie d'un empereur malade.

A l'entrée de l'avenue des Tilleuls — Linden — bordée

d'hôtels magnifiques, s'élève une statue équestre de Frédéric-le-Grand et à l'autre extrémité un arc de triomphe que surmonte un char attelé d'un quadrige de bronze, forme l'entrée d'un parc qui répond assez à notre bois de Boulogne.

Nous passons sur un quai qui borde la Sprée. Quelques bâteaux aux mâts élancés y dorment sur une eau brune, sur l'autre quai se déploie une ligne de maisons d'un certain cachet, le Palais du Roi en occupe l'angle, et du milieu du pont nous apercevons une foule immense sur laquelle tranchent les costumes bleu ciel des dragons.

Ce pont est décoré de groupes en marbre blanc qui forment une décoration trop riche pour sa simplicité ; le milieu s'ouvre pour livrer passage aux barques. Nous traversons une place en faisant le tour du musée qui est fermé, mais nous pouvons admirer une immense vasque de porphyre posée sur des dés de même nature.

Après avoir traversé rues et places où flottent aux fenêtres des myriades de drapeaux, nous rentrons, à l'hôtel, car le capitaine à un travail à terminer ; j'en profite pour aller relancer mon jeune coiffeur qui tient à me faire voir une brasserie allemande, et nous nous rendons dans un sous-sol que je ne puis mieux comparer qu'au Café des Aveugles, qui existait vers 1849 au Palais-Royal, moins le sauvage et ses tambours.

Tout d'abord, je ne vis qu'une épaisse fumée montant jusqu'au plafond qui me cachait entièrement les habitués du lieu. Bientôt mes yeux s'accoutumant à ce brouillard intense, j'aperçus des gens aux grosses bottes, vêtus de houppelandes grises et coiffés de casquettes bordées de poils de lapin. Une pipe en porcelaine décorée accompagnait ce costume et d'immenses Moss de bière brune ou blanche encombraient les tables, à ne savoir où mettre les piles énormes de soucoupes, indices d'une prodigieuse consommation. Ajoutez à cela le tohu-bohu des conversations et vous aurez, cher lecteur, la description complète des mille brasseries de Berlin.

Au bout d'un quart d'heure, nous sortions de cette vapeur suffocante pour aller dîner dans un petit restaurant indigène et nous passâmes notre soirée, à admirer les illuminations de quelques grandes artères.

Le lendemain matin, mon passeport dûment visé et paraphé, je faisais mes adieux à mes chers compatriotes, et emportant le fameux éventail, je prenais le train pour Cologne.

Dans le wagon, je fais la connaissance d'un jeune peintre revenant de Berlin où il était depuis un mois visitant les églises et les musées, pour s'inspirer des œuvres des grands maîtres et en rapporter de nombreuses études. Ce jeune homme de vingt-cinq ans, parle bien notre langue et nos longues conversations ont abrégé la longueur de la route. Habitant Cologne il me conduit à l'hôtel où il a une chambre et de la fenêtre j'aperçois à mes pieds le Rhin dont la vue est fort belle en cet endroit.

Jusqu'au dîner, — car nous avions déjeuné au buffet de Hanovre — je me promène dans les rues de Cologne qui, sauf le Rhin et la Cathédrale, n'a rien de bien extraordinaire. Mon compagnon de voyage a bien voulu se charger de faire viser mon passeport avec le sien. A l'heure du repas, il me le rapporte et je le mets en toute confiance dans la sacoche que je porte en bandoulière et qui ne me quitte que la nuit, car elle contient tout mon argent, or russe et monnaie allemande. Nous passons la soirée dans un café de la place d'armes et le lendemain matin, après un léger repas arrosé d'un excellent vin blanc, je dis adieu au jeune artiste, et cette fois, prenant l'express du Nord, je file à toute vapeur sur Verviers et de là sur Paris.

Dans mon compartiment se trouve déjà un colonel de tcherkess russe, que je reconnais à son costume, avec une dame, puis derrière moi montent deux autres personnes. Ce sont deux voyageurs de commerce, représentant l'un une des grandes maisons de champagne d'Epernay, l'autre la manufacture de draps de M. Cunin Gridain. Le premier arrive en droite ligne de Moscou et le deuxième de St-Pétersbourg.

La conversation s'engage immédiatement avec quelque loquacité de la part des deux Gaudissarts ; cependant, nous nous trouvions gênés par la dame placée en face de l'officier, et personne de nous n'osait solliciter l'autorisation de griller même une cigarette.

— Depuis quelques instants je m'aperçois, Messieurs, que vous avez grande envie de fumer, nous dit le colonel à brûle-pourpoint et dans le français le plus pur ! Ne vous contrariez en rien, et pour vous donner l'exemple laissez-moi vous offrir d'excellents cigares de la Havane dont je me suis muni en partant de Tiflis, il y a aujourd'hui quinze jours et que j'espère bien renouveler à Bruxelles, la ville des contrebandiers par excellence. Et nous présentant un superbe porte-cigares il nous invita à l'imiter.

Notre bonheur était complet, mais notre surprise fut plus grande envoyant la femme de l'officier sourire et tirant à son tour d'un petit sac un ravissant porte-cigarettes ambre et or, elle y introduisit une mignonne cigarette de tabac d'Orient dont l'odeur suave et parfumée se répandit aussitôt dans le compartiment.

La glace était fondue, les langues reprirent de plus belle et le temps se passa en discussions de toutes sortes et sur tous les sujets. Le colonel y prenait une large part en nous racontant l'histoire du Caucase, de de Schamyl, l'iman célèbre par ses luttes contre les Russes, les mœurs de son pays, ses combats et ses chasses. Depuis longtemps nous écoutions avec charme cette parole ardente du vaillant soldat, du chasseur audacieux, quand tout-à-coup le train s'étant arrêté, quelques personnages en uniforme ouvrirent la portière du wagon et prononcèrent quelques paroles dont je ne compris pas le sens, puis ils redescendirent.

J'appris bientôt qu'il nous fallait remettre nos passeports au bureau de police de Verviers, qui après les avoir examinés, nous les rendrait à l'appel de nos noms dans une salle où nous devions nous rendre à l'arrivée du train.

J'ai omis de dire que le mien était rédigé d'un côté en russe et de l'autre en allemand pour être visés dans chacune des deux nations où je devais passer. Comme mon *Podorogené* était plié avec, ainsi que le certificat du maître de la Police de Mitau, ces papiers s'éparpillèrent et le colonel voulut bien m'aider à les ramasser. Par un hasard heureux, il jeta un coup d'œil sur mon passeport ; aussitôt je vis sa figure changer de couleur et m'interpellant : Et ! quoi ! vous nous avez dit que vous étiez employé aux chemins de fer Russes, et vous n'avez qu'un passeport allemand indiquant que vous êtes artiste peintre ? Cela est singulier.

A ces mots, un indicible effroi s'empara de tout mon être et je me mis à pleurer.

Voyons, ne vous désolez pas, mon pauvre enfant, je vous crois certainement, mais la police ne vous croira pas, il a dû se passer à votre insu quelque chose d'inusité, rappelez vos souvenirs ! C'est alors que je racontai, que le jeune peintre de Cologne, dans le but de m'être agréable, s'était chargé de faire viser mon passeport, et qu'il avait dû par inadvertance me donner le sien que j'avais fort innocemment remis dans ma sacoche.

Allons, il faut absolument sortir de ce pétrin, dit un des deux commis voyageurs ; ce n'est pas le moment de s'alarmer : Vous allez donner votre passeport et quand on appellera Wilfrid Raulbach, — rappelez-vous bien ce nom — vous vous présenterez sans trouble, car je suppose bien que vous ne tenez guère à être ramené à Berlin par la gendarmerie ?

Eu entrant dans la grande salle du bureau de police de Verviers, j'avoueque je me sentais défaillir et il fallut la présence de mes amis pour me donner quelque courage.

Enfin, le nom fatal fut prononcé et me précipitant au guichet, je pris en tremblant l'infortuné passeport, cause de mon désespoir.

Libre !! J'étais libre enfin, et quoique innocent de tout ce qui m'arrivait je n'en tournai pas moins mes regards de tous les côtés, craignant de voir surgir les trop fameux gendarmes annoncés.

N'allait-on pas découvrir l'innocente supercherie ? Pendant les vingt minutes accordées aux voyageurs du train de Paris, je fus dans des transes continuelles, et malgré les encouragements de mes compatriotes et du bon colonel, ce fut à grand peine que je me décidai à prendre un potage et un verre de vin au buffet.

Enfin, les deux parties du convoi se réunirent et me précipitant à la hâte vers le premier compartiment ouvert j'eus soin d'en relever les glaces pour ne les abaisser que lorsque la locomotive fut en mouvement. Alors, je me précipitai à la portière, sans soucis des personnes présentes, pour adresser un dernier adieu à ceux qui venaient de me tirer d'un si mauvais pas, et qui allaient prendre, à leur tour, le train de Bruxelles. Dix minutes plus tard, je foulais enfin le sol de la France pour ne m'arrêter qu'à Paris.

Après m'être acquitté de la mission qui m'avait été confiée à Berlin, je prenais le jour même la ligne d'Orléans et le surlendemain à quatre heures du matin, je descendais de la diligence la Gtennoise — la ligne du Bourbonnais n'existait pas encore — pour aller doucement frapper aux volets de la maison paternelle et tomber dans les bras des deux êtres chers qui attendaient mon retour avec tant d'impatience.

Longtemps encore j'ai entretenu des relations suivies avec ceux-là qui m'avaient témoigné tant d'amitié et de sympathie, puis la disparition des uns, la mort chez d'autres sont venus briser tout rapport : le souvenir seul est resté dans mon cœur, souvenir assez vivace pour que j'aie pu écrire ces impressions après un laps de temps aussi considérable.

Et maintenant pour conclure, je veux résumer ici mes impressions sur l'avenir de la Russie et sa prépondérance pour le bien général de l'Europe.

A chaque pas en Russie, tantôt devant un spectacle, tantôt devant un autre, j'ai été frappé de la vitalité de ce pays.

Dans les classes supérieures, les Russes ont une nature mobile, ardente, un esprit complet, une intelligence très souple. Leur defaut principal était de réflèter, trop fidèlement, les idées étrangères et de trop accepter l'Allemand pour guide ; la chose est indéniable, l'Allemand était partout, dans les comptoirs, dans les banques, dans les hautes charges et les grandes administrations. Il s'est mêlé aux Russes et leur a infusé son esprit et son sang. St-Pétersbourg, magnificence et grandeur à part, était à certains points de vue, une ville allemande.

En revanche, les paysans ont gardé leur ignorance, leur ténacité, leur foi avec les vertus primordiales des forts : endurance, douceur, résignation, calme, bravoure. Cette masse compacte de la nation qui n'est devenue ni allemande ni cosmopolite, quelle terre vierge, quel fond extrordinairement puissant !

Née d'hier, pour ainsi dire, dans l'Europe chancelante et vieillie, la Russie, si elle reste vraiment russe, si elle dédaigne, comme elle le peut, comme elle le doit, les idées et les exemples d'Occident si, en un mot, elle réalise son idéal : union de la civilisation et l'originalité nationale, la Russie, aura un magnifique rôle à jouer.

Les Russes de tous les partis sont d'accord sur ce

point : la grandeur future de leur patrie, son rôle prépondérant dans les destinés de l'Europe.

Et le moujik, le moujik encore si neuf, si indifférent, qu'en fera l'école de demain ? Certes, l'intelligence ne lui manque pas, mais plutôt la constance de la volonté. Il est lent, peu inventif, dédaigneux des obstacles. Pas un soldat ne supporte mieux le feu. Il est créé pour les longues routes monotones, les durs labeurs, les périls sans gloire... Encore une fois, qu'en fera l'école de demain ?

Peut-être Nicolas II, digne héritier de celui qui a fait tant de bien, est-il le semeur d'idées qui doit édifier l'avenir ? Tout dépend de l'étincelle qu'il allumera dans ces millions d'âmes silencieuses et frustres. Or, la terre russe est bouillonnante de sève et toute prête pour d'abondantes moissons... C'est le pays slave, presque l'Orient, pleine de foi, de rêve et de virilité latente.

Par de là ses steppes, il y a une nation ardente, follement éprise de généreuses pensées. Maintes fois, elle a versé son sang pour « l'idée » et, sans compter semé son or pour des ingrats et des fourbes. C'est elle, c'est la France, qui doit servir de trait-d'union. Ceci est son rôle, sa providentielle destinée. Déjà, sur l'aile du vent, son nom court dans ces plaines où personne ne vient. Qu'elle se rapproche de plus en plus des Slaves pour les étudier, afin d'apprendre à mieux les aimer avant l'heure où en un formidable coup de dés se jouera l'avenir de l'Europe.

France, tu es l'aînée, donne ta main loyale à ta jeune sœur russe ! Vos langues diffèrent, vos esprits n'ont pas mûri au même soleil ? Qu'importe ? Vos âmes se cherchent depuis si longtemps... Va, appuie ton cœur sur le sien, et vous vous comprendrez aussitôt.

Auteuil, 10 novembre 1896.

FIN

DU MÊME AUTEUR :

MALHEUR ET CHARITÉ, poésie.

L'HEURE FATALE, nouvelle.

SOUVENIRS ANECDOTIQUES DE LA GUERRE DE
    1870-1871.

IMPRESSIONS DE VOYAGE EN RUSSIE.

SOUS PRESSE :

LES DISPARUS, portraits à la plume.

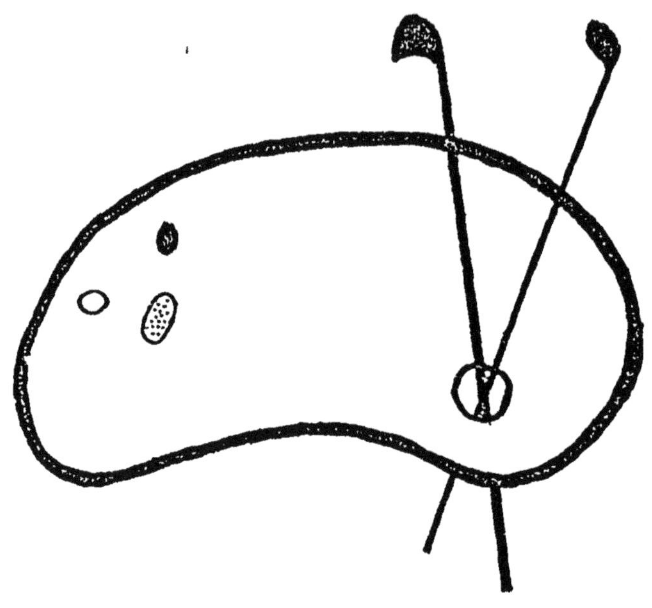

ORIGINAL EN COULEUR

NF Z 43-120-8

www.ingramcontent.com/pod-product-compliance
Ingram Content Group UK Ltd.
Pitfield, Milton Keynes, MK11 3LW, UK
UKHW021222140726
13695UKWH00002B/695